交通事故は本当に減っているのか？

「20年間で半減した」成果の真相

加藤久道

花伝社

交通事故は本当に減っているのか?――「20年間で半減した」成果の真相◆目次

第3章 交通安全対策の実施状況 138

はしがき

交通事故（注1）は、国民の誰しもが当事者になる可能性をもった、現代における社会的災禍である。最近では、高齢者による事故、あおり運転、逆走事故、子供たちが被害に遭う事故などが、改めての社会問題として報じられている。

悲惨な事故が報道されることについて、「マスコミのセンセーショナリズム」「過剰反応ではないか」「報道されるから多いと感じるのであって、実際の事故は減っている」などという声もある。

交通事故の公式な統計は、警察庁発表の「交通事故統計」である。交通事故統計によれば、２０１９（令和元）年は１９９９（平成11）年と比べ、事故件数は約55％、死者数は約64％、負傷者数は約56％がそれぞれ減少している。世間の常識は、「交通事故は減っている。死者、負傷者も大幅に減っている」である。交通事故統計を見る限りそのとおりである。

だが、果たして交通事故の実態は、交通事故統計のとおりなのだろうか。

交通事故統計は、権威に裏打ちされた資料である。交通事故の発生状況を知る上で、これ以上のものは存在しない。交通事故統計に示された事故件数、死者数、負傷者数および人口、道路、自動車等に関する統計数値や分析結果は、交通安全対策を考える上で、極めて重要な事実情報である。

　これに対し筆者は、本書において、交通事故統計に疑問を示し、交通事故発生状況の実態に異議を唱えようとするものである。

　死者数が大きく減少したことには、筆者も異論はない。社会総体の取り組みや自動車の安全性能の向上等によって、死者数は大幅に減少したものと思う。

　しかし、負傷者数が減少していること、合計の死傷者数が減少していることについては、疑問がある。筆者は、統計が示すように負傷者数は減少しておらず、死傷者合計も減少していないと考えている。

　本書は、交通事故発生状況の実態を解明しようと試みるものであるが、単に数値の正誤を検討する趣旨ではない。交通事故は大きな社会問題であり、交通事故対策は、国が国民を守るための施策として取り組むべき主題である。交通事故統計の数値および関連する事項の検討を通して、施策の前提に誤りはないか、方向は正しいか、「真実」は何か、を考えてみたいと思う。

　より安全な社会をつくるために。

（注1）本書では、自動車による人身事故を指す。

第1章　交通事故発生状況の実態

警察庁交通局は、毎年「交通事故統計年報」を発表している。２０２０（令和２）年の交通事故統計によれば、２０１９年は、事故件数38万１２３７件、死者数３２１５人、負傷者数46万１７７５人、死傷者数は46万４９９０人である。

１９９９（平成11）年が、事故件数85万３７１件、死者数９０１２人、負傷者数１０５万３９９人であるから、21年前に比べて、事故件数は約55％、死者数は約64％、負傷者数は約56％、それぞれ減少している。

過去の交通事故による死者数について見ると、１９５９（昭和34）年に１万人を超え、１９７５（昭和50）年まで１万人を下回ることなく推移した。死者数が１万人を超える状況はあまりに衝撃的であったことから、一種の戦争状態にあるとして「交通戦争」と呼ばれ、大きな社会問題となった。

その後１９８７（昭和62）年までは１万人を下回ったが、８千〜９千人台で推移して大きな減少はなかった。１９８８（昭和63）年に再び１万人を超え、１万人超の状況が続いて１９９

2（平成4）年には1万1452人となった。1万人を超える状況は1995（平成7）年まで続き、「第二次交通戦争」と呼ばれた。1996（平成8）年は再び1万人を下回り、以後減少傾向が続いている。

「（第一次）交通戦争」と呼ばれた時代のピークは、1970年ころである。1970（昭和45）年の死者数は1万6765人、負傷者数は98万1096人である。1970年のわが国の人口は、1億372万人であるから、国民の約104人に1人が死傷するという状況となったのである。

「第二次交通戦争」と呼ばれた時代のピークは、1992（平成4）年ころである。1992年の負傷者数は84万4003人であるから、死傷者数は85万5455人である。

1970年、92年とも死者数は1万人を超えているが、負傷者を加えた死傷者数では100万人を超えていない。

交通事故情勢については、死者数のみならず、負傷者数を加えた死傷者数によっても、悪化、好転の状態を判断するべきである。死者数が減少している場合であっても、死傷者数が多ければ、交通事故を取り巻く社会環境が良好であるとはいえないからである。

2019（令和元）年は死傷者数46万4990人であるから、対1970年は約53％、対1992年は約46％減少している。この数値を見ると、交通事故情勢は好転しているといえる。

本当に現在は、「交通戦争」と呼ばれた当時とは異なる、より好転した情勢にあるといえるのだろうか。仮に、死者数は3千人台であっても、死傷者数が100万人を超えているとしたら、とても好転したとはいえないであろう。交通事故の実態はどのような状況にあるのか、検討を進めてみたいと思う。

1　交通事故と保険

本書では、交通事故統計と交通事故の取扱いに基づき考察を進める。検討にあたって、交通事故に関係する保険の内容を知っておくことが理解を進めやすいと考え、まず自動車損害賠償責任保険（含む責任共済。以下「自賠責保険」という）と自動車保険（任意自動車保険、自動車共済を含む。以下「自動車保険」という）の内容等を概観しておくことにする。

自動車には、自賠責保険の加入が義務付けられている。法的に加入が強制されていることから、強制保険とも呼ばれる。

交通事故が起きた場合、まず警察署に届け、負傷者は医療機関で治療を受ける。当事者が自動車保険に加入している場合には、自動車保険会社（含む共済組合。以下「保険会社」という）に連絡し、対応を依頼するのが一般的である。

保険会社は、被害者の治療費を支払うなどの手続きを行い、被害者との示談を進める。保険会社は、支払手続きが済むと自社が支払った金額のうち、自賠責保険から自賠責保険が認定する金額を回収する清算手続きを行う。自動車保険の契約者は意識していないが、保険会社の支払う金員の相当な部分は、自賠責保険が担うことになる。

(1) 自賠責保険

①加入義務

自賠責保険は、自動車による人身事故の被害者（事故により死傷した人をいう。事故の責任割合が小さい場合の「被害者」を指すものではない）を救済するために、すべての自動車（一部例外を除く）に加入が義務付けられている。自動車[注1]を保有する者は、自賠責保険に加入しなければならない（自動車損害賠償保障法（以下「自賠法」という）第5条）。

②支払対象

自賠責保険の支払対象となるのは、他人を死傷させるなどの人身事故による損害賠償の場合である。自分自身の死傷は対象にならず、物的損害の賠償も対象ではない。

③保険金額

自賠責保険は、被害者1名について支払保険金に限度額が設けられている。被害者が複数いる場合には、それぞれの被害者について限度額が設けられることになる。損害の内容による限度額は、表1－1のとおりである。

表１－１　自賠責保険金額

<table>
<tr><th colspan="3">損害の内容</th><th>限度額</th></tr>
<tr><td colspan="3">傷害による損害</td><td>120 万円</td></tr>
<tr><td rowspan="2">後遺障害による損害（介護を要する後遺障害）</td><td>後遺障害等級第１級</td><td>1. 神経系統の機能又は精神に著しい障害を残し、常に介護を要するもの
2. 胸腹部臓器の機能に著しい障害を残し、常に介護を要するもの</td><td>4,000 万円</td></tr>
<tr><td>後遺障害等級第２級</td><td>1. 神経系統の機能又は精神に著しい障害を残し、随時介護を要するもの
2. 胸腹部臓器の機能に著しい障害を残し、随時介護を要するもの</td><td>3,000 万円</td></tr>
<tr><td colspan="3">上記以外の後遺障害による損害（後遺障害別等級表による）</td><td>第１級 3,000 万円～
第 14 級 75 万円</td></tr>
<tr><td colspan="3">死亡による損害</td><td>3,000 万円</td></tr>
</table>

（後遺障害等級の内容は、自賠法施行令の別表第１および第２による）

④支払われない場合

次のような場合には、保険金は支払われない。[注2]

ア　契約者または被保険者の悪意

イ　重複契約の場合

ウ　加害者（事故の相手方）に責任がない場合

エ　自損事故の場合（被害者が他人に当たる場合には支払われる）

オ　自動車の運行による死傷でない場合

カ　被害者が他人に当たらない場合

⑤保障内容（費用項目）

自賠責保険が認定する費用（損害）の項目は、次のとおりである。

ア　傷害による損害：治療費、通院交通費、入院雑費、看護費用、休業損害、慰謝料など

イ　後遺障害による損害：逸失利益、慰謝料など
ウ　死亡による損害：葬儀費用、逸失利益、慰謝料など

⑥請求手続き

自賠責保険の請求手続きには、「加害者請求」と「被害者請求」がある。

ア　加害者請求（自賠法15条請求）

事故の加害者となった者が、被害者の治療費や休業損害、慰謝料などを支払った後に、自賠責保険会社に請求する方法である。支払ったことが請求できる要件であり、これから支払う予定であるとして未払いのまま請求することはできない。保険金の請求は、加害者が被害者に損害賠償金を支払った日から3年で時効となる。

イ　被害者請求（自賠法16条請求）

事故の被害者となった場合に、相手方が円滑に支払うとは限らない。過失の割合で合意できず支払われない場合や、相手方が責任を認めない場合、責任は認めるが支払能力がない場合などがあり得る。

自賠責保険は、被害者救済を目的とするものであるから、被害者が自賠責保険の支払対象となる者である場合に、被害者が加害者の自賠責保険会社に対して、被害者あてに保険金（損害賠償額）を支払うよう求める手続きを認めている。これを被害者請求という。

被害者請求は、被害者に事故による人身損害が発生していることが要件であり、被害者が治

療費などの金員を支払ったことは要件ではないから、治療費等が未払いであっても請求できる。損害賠償額の請求は、事故の発生日から3年（死亡の場合は死亡日から3年、後遺障害の場合は症状固定日から3年）で時効となる。

⑦損害調査

保険金（損害賠償額）請求の事案が、自賠責保険の支払対象となるものか、金額をどのように認定するか等の実務を自賠責保険の損害調査といい、損害保険料率算出機構（以下「損保料率機構」という）が担っている。

自賠責保険会社は、自賠責保険の請求書類を受け付けると、書類を損保料率機構（実務的には自賠責損害調査事務所、以下「調査事務所」という）へ送付し、損害調査を依頼する。調査事務所は、書類を確認し、必要な調査を完了すると保険金額を認定し、書類を保険会社へ送付する。

⑧保険金支払い

保険会社は、調査事務所からの書類を受け取り、改めて確認の上、保険金額を決定して保険金支払手続きを行う。

(2) 自動車保険

自賠責保険は加入の義務があるのに対して、自動車保険の契約は自由である。自由意思で決めることから、任意保険と呼ばれることもある。

自動車保険には、他人の身体や財物に損害を与えた場合の損害賠償を補償する保険（対人賠償保険、対物賠償保険）、運転者や同乗者が被った身体の損害を補償する保険（人身傷害保険、搭乗者傷害保険）、自分の自動車が被った損害を補償する保険（車両保険）などがある。ほかに弁護士特約などの特約もある。保険会社は、いくつかの保険を組み合わせて販売している。

前記の保険のうち、自賠責保険と関係性を持ち得る「対人賠償保険」と「人身傷害保険」の概要は次のとおりである。

①対人賠償保険

自動車事故によって他人を死傷させ、法律上の損害賠償責任を負った場合に、自賠責保険で支払われる金額を超える損害賠償額に対して補償する保険である。

対人賠償保険は、「自動車の所有・使用・管理」に起因して発生した人身事故により負担する損害賠償責任を補償するもので、自賠責保険が「自動車の運行」に起因して発生した人身事故により負担する損害賠償責任を補償するのに対して、補償対象が広くなっている。

自賠責保険は限度額が決まっている（たとえば傷害は120万円が限度）ことから、被害者の治療費が高額となった場合や後遺障害、死亡事故などの場合に自賠責保険だけでは不足する事態が生じる。対人賠償保険は、自賠責保険を補完するものといえる。

②人身傷害保険

自動車保険の被保険者（保険の利益を受ける人）が、自動車保険の契約自動車に搭乗中の自動車事故により死傷した場合（約款により他の自動車に搭乗中や歩行者の場合に適用されるものもある）に、契約している自動車保険会社から、保険約款に定める損害額基準に基づいて算定された損害額の補償を受ける保険である。

交通事故では、相手方との交渉が思い通りに進まないことがある。そのような場合に、相手方からではなく自分の保険会社から補償を受けるという発想で開発されたのが人身傷害保険である。

人身傷害保険は、いうなれば自分のケガなどに対する補償としてそなえる保険である。相手方のいない自損事故の場合も対象になる。対人賠償保険では、被害者となったときに過失相殺（被害者の過失責任分を差し引く）が問題になることもあるが、人身傷害保険では、被保険者の過失分は減額されない。

被保険者が対人賠償事故の被害者でもある場合には、被保険者は、被害者として対人賠償保険会社から賠償を受けてもよいし、人身傷害保険の被保険者として人身傷害保険会社から補償を受けてもよい。ただし、二重の支払いは受けられない。

（3）保険会社の取扱い

たとえば、自動車保険の契約者がわき見運転で追突事故を起こしたとする（契約者の100％過失事故とする）。加害者となった契約者（被保険者）は、被害者に謝罪し、警察に報告して事故届出を行う。被害者は頸部に痛みと異常を覚えたため医療機関を受診することにした。契約者は、被害者の住所、氏名、生年月日、車両番号、損傷状態等を確認し、被害者に対して、これから保険会社へ連絡すること、今後は保険会社から連絡がある旨を伝えて、その後に保険会社へ事故報告を行った。

事故報告を受けた保険会社は、契約を確認し対応できると判断して、被害者へ連絡し、対応を始める。人身の損害については、医療機関を確認し、治療費は医療機関が了解すれば直接保険会社から支払う旨を伝える。

以上が、対人賠償事故が起きた場合の一般的初動対応である。

被害者に人身損害が生じた場合は、「自賠責保険」と「自動車保険（対人賠償保険。ただし自賠責保険金額を超える部分に対して）」の両方が適用できる。

保険会社（対人賠償保険会社）は、事故対応として、被害者の損害を賠償するとした場合には、自賠責保険会社に対して、保険会社として自賠責保険部分を含め一括して支払対応を行う旨を通知する。この支払いを「一括払《いっかつばらい》」と呼ぶ。一括払は、示談代行に伴う保険会社の支払サービスである。

保険会社が行う示談代行および支払手続きは、保険会社が契約者の代理（人）として、治療費を支払い、休業損害や慰謝料などを算定し被害者と示談を行って、損害賠償金を支払うものである。保険会社が行う治療費等の支払いは、保険会社の業務的には「仮払い」である。

保険会社の「保険金」とは、保険会社が当該保険種目の（最終的）保険金として支払う金員をいう。対人賠償保険、人身傷害保険において、保険会社が一括払いとして支払う金額は、とりあえずの支払対応であり、自賠責保険金部分を含んでいることから、解決手続き後に自賠責保険から自賠責保険金を回収するまでは、自社の支払分としての保険金は決まらないことになる。保険会社は、被害者との示談締結後に、「加害者に代わり被害者に損害賠償金を支払った者」として、自賠責保険会社に対して自賠責保険金の支払いを求める。

たとえば、被害者の傷害に対して、治療費、休業損害、慰謝料など総額80万円で示談締結となって損害賠償金を支払い、自賠責保険会社に請求して自賠責保険金70万円の支払いを受けた場合には、保険会社としては、仮払金80万円 − 自賠責保険金（回収金）70万円 = 10万円が保険金となる。80万円を支払い、自賠責保険会社から同額の80万円を回収した場合は、保険金は0円である。

事故の被害者となった被保険者は、自分が契約している人身傷害保険に支払いを求めることもできる。保険会社が、人身傷害保険の保険会社として被保険者から請求を受け、被保険者の損害を補償するとした場合には、自賠責保険会社に対して、保険会社として自賠責保険部分を含め一括して支払対応を行う旨を通知する。保険会社は「被害者に代理して自賠責保険会社に対し被害者請求を行う者」と考えてよい。

被保険者は、保険会社から治療費等の支払いを受け、最終的には保険会社と協定（対人賠償事故の示談に当たる）を行い、損害金の支払いを受ける。保険会社は、自賠責保険会社に請求して自賠責保険が認定する自賠責保険金（回収金）の支払いを受ける。仮払金、自賠責保険金（回収金）、保険金の取扱いは、対人賠償保険と同様である。

近時、対人賠償事故では、保険会社の示談代行・一括払が主流となっている。人身傷害保険の普及に伴って、人身傷害保険の一括払も増加している。

2　交通事故発生件数の推移および現状

次に、交通事故の発生状況について見てみよう。

交通事故発生件数については、警察庁交通局発表の「交通事故統計年報（令和元年分については、警察庁ウェブサイトよりデータ取得）」より作成した、「表1－2　交通事故統計数値」に基づき検討する。

表1－2は、１９９９（平成11）年から２０１９（令和元）年まで21年間の、交通事故統計による事故件数、死者数、負傷者数、死傷者数および１９９９年の数値を１・０とした場合の増減率を表したものである。

表１－２　交通事故統計数値

年	交通事故統計数値			
西暦 （和暦）	事故件数 （増減率）	死者数 （増減率）	負傷者数 （増減率）	死傷者数 （増減率）
1999 （平成 11）	850,371 （1.0）	9,012 （1.0）	1,050,399 （1.0）	1,059,411 （1.0）
2000 （12）	931,950 （1.10）	9,073 （1.01）	1,155,707 （1.10）	1,164,780 （1.10）
2001 （13）	947,253 （1.11）	8,757 （0.97）	1,181,039 （1.13）	1,189,796 （1.12）
2002 （14）	936,950 （1.11）	8,396 （0.93）	1,168,029 （1.11）	1,176,425 （1.11）
2003 （15）	948,281 （1.12）	7,768 （0.86）	1,181,681 （1.13）	1,189,449 （1.12）
2004 （16）	952,720 （1.12）	7,436 （0.83）	1,183,617 （1.13）	1,191,053 （1.13）
2005 （17）	934,346 （1.10）	6,937 （0.77）	1,157,113 （1.10）	1,164,050 （1.10）
2006 （18）	887,267 （1.04）	6,415 （0.71）	1,098,564 （1.05）	1,104,979 （1.04）
2007 （19）	832,704 （0.98）	5,796 （0.64）	1,034,652 （0.99）	1,040,448 （0.98）
2008 （20）	766,394 （0.90）	5,209 （0.58）	945,703 （0.90）	950,912 （0.90）
2009 （21）	737,637 （0.87）	4,979 （0.55）	911,215 （0.87）	916,194 （0.87）
2010 （22）	725,924 （0.85）	4,948 （0.55）	896,297 （0.85）	901,245 （0.85）
2011 （23）	692,084 （0.81）	4,691 （0.52）	854,613 （0.81）	859,304 （0.81）
2012 （24）	665,157 （0.78）	4,438 （0.49）	825,392 （0.79）	829,830 （0.78）
2013 （25）	629,033 （0.74）	4,388 （0.49）	781,492 （0.74）	785,880 （0.74）
2014 （26）	573,842 （0.67）	4,113 （0.46）	711,374 （0.68）	715,487 （0.68）
2015 （27）	536,899 （0.63）	4,117 （0.46）	666,023 （0.63）	670,140 （0.63）
2016 （28）	499,201 （0.59）	3,904 （0.43）	618,853 （0.59）	622,757 （0.59）
2017 （29）	472,165 （0.56）	3,694 （0.41）	580,850 （0.55）	584,544 （0.55）
2018 （30）	430,601 （0.51）	3,532 （0.39）	525,846 （0.50）	529,378 （0.50）
2019 （令和元）	381,237 （0.45）	3,215 （0.36）	461,775 （0.44）	464,990 （0.44）

①**事故件数**

事故件数は、2000（平成12）年に10％増加し、10％超過の状況は2005（平成17）年まで6年間続いた。2006（平成18）年に対前年でやや減少し、2007（平成19）年はさらに減少、1999年を下回った。2008（平成20）年以降も毎年減少が続き、2019年は1999年に比べて55％の減少となっている。

②**死者数**

死者数は、21年間ほぼ毎年減少を続け（2000年と2015年が対前年を上回った）、2019年は、1999年に比べて64％の減少となっている。

③**負傷者数**

負傷者数は、2000年に10％増加し、10％超過の状況は2005年まで6年間続いた。2006年に対前年でやや減少し、2007年はさらに減少し、1999年を下回った。2008年以降も毎年減少が続き、2019年は、1999年に比べて56％の減少となっている。

④**死傷者数**

死傷者数の推移は、負傷者数と同様の傾向である。2019年は、1999年に比べて56％の減少となっている。

以上から、21年間で死者数は64％と大きく減少しておよそ3分の1となり、負傷者数は56％

減少しておよそ半減したといえる。

3　自賠責保険支払件数の推移および現状

ほぼすべての自動車には、自賠責保険が付保されている（例外的に自衛隊車両など自賠責保険の付保対象ではない車両もある）。したがって、自動車による人身損害事故が生じたときには、前記「1　交通事故と保険」で述べたように、ほとんどの場合、自賠責保険の支払手続きがかかわってくることになるといってよい。

当事者が行う加害者請求、被害者請求であれ、保険会社が行う一括払であれ、自賠責保険への請求手続きは、事故日から数か月後、事案によっては1年近く、あるいは1年を超過する場合がある。

自賠責保険の支払件数は、支払ベースであるから、事故発生日とは時間差を生じることになる。自賠責保険の支払対象とならない自損事故の運転者等の死傷事故（人身傷害保険の支払対象にはなるが、自賠責保険では支払対象外となるため支払われない）は、当然件数には入らない。

自賠責保険支払件数は、当該年の事故件数であるとはいえないが、事後手続きとして一定の傾向を示すものであり、結果として当該年の事故件数とそれほど相違のない近似値となるものと考えられる。

自賠責保険の支払件数等については、損保料率機構が毎年「自動車保険の概況」として公表している。表1-3は、各年の自動車保険の概況に基づき、自賠責保険支払件数における死亡件数、傷害件数、死亡傷害計および1999（平成11）年の数値を1・0とした場合の増減率を表したものである。自賠責保険支払件数は、1999年から2018（平成30）年（2020年8月1日時点のデータ）の20年間の数値となっている。

①死亡件数

死亡件数は、2000（平成12）年から2009（平成21）年まで10年間減少を続けた。2010（平成22）年は、対前年で微増となったが、2011（平成23）年から再び毎年減少となった。2018（平成30）年は、1999年に比べて62％の減少となっている。

②傷害件数

傷害件数は、2000年に対前年比5％増加した。その後も増加傾向が続き、2003（平成15）年には10％増となった。2004（平成16）年以降増加は小康状態となったが、一度も1999年の数値を下回ることはなかった。2018年は、1999年に比べて増減なし（1・0）となっている。

③死亡傷害計

死亡傷害計の推移は、傷害件数と同様の傾向である。2018年は、1999年に比べて増

表１－３　自賠責保険支払件数

年	自賠責保険支払件数		
西暦（和暦）	死亡件数（増減率）	傷害件数（増減率）	死亡傷害計（増減率）
1999（平成11）	9,413（1.0）	1,093,628（1.0）	1,103,041（1.0）
2000（12）	8,935（0.95）	1,142,984（1.05）	1,151,919（1.05）
2001（13）	8,456（0.90）	1,175,778（1.08）	1,184,234（1.07）
2002（14）	8,326（0.89）	1,195,400（1.09）	1,203,726（1.09）
2003（15）	7,702（0.82）	1,206,408（1.10）	1,214,110（1.10）
2004（16）	7,277（0.77）	1,181,564（1.08）	1,188,841（1.08）
2005（17）	6,807（0.72）	1,179,664（1.08）	1,186,471（1.08）
2006（18）	6,168（0.66）	1,129,936（1.03）	1,136,104（1.03）
2007（19）	6,029（0.64）	1,156,333（1.06）	1,162,362（1.05）
2008（20）	5,482（0.58）	1,127,755（1.03）	1,133,237（1.03）
2009（21）	5,128（0.55）	1,117,373（1.02）	1,122,501（1.02）
2010（22）	5,325（0.57）	1,139,807（1.04）	1,145,132（1.04）
2011（23）	5,126（0.55）	1,160,178（1.06）	1,165,304（1.06）
2012（24）	4,785（0.51）	1,161,266（1.06）	1,166,051（1.06）
2013（25）	4,509（0.48）	1,194,591（1.09）	1,199,100（1.09）
2014（26）	4,321（0.46）	1,165,576（1.07）	1,169,897（1.06）
2015（27）	3,985（0.42）	1,167,648（1.07）	1,171,633（1.06）
2016（28）	3,932（0.42）	1,149,232（1.05）	1,153,164（1.05）
2017（29）	3,783（0.40）	1,134,997（1.04）	1,138,780（1.03）
2018（30）	3,542（0.38）	1,097,004（1.0）	1,100,546（1.0）

減なし（1・0）となっている。

以上から、20年間で死亡件数は60％余りも大きく減少したが、それに対し負傷件数および死亡傷害計は減少していないといえる。

4 交通事故統計数値と自賠責保険支払件数の乖離の状況

本節では、交通事故統計数値と自賠責保険支払件数を比較しながら、乖離の状況を見てみる。

表1－4は、交通事故統計数値と自賠責保険支払件数について、事故件数乖離率（注3）（以下「乖離率」という）を算出して、死亡と傷害に関する整合性を検討しようとするものである。

表1－4の乖離率は、各年の自賠責保険支払件数における死亡件数（以下「自賠責死亡件数」という）と傷害件数（以下「自賠責傷害件数」という）をそれぞれ1・0として、交通事故統計数値における死者数（以下「統計死者数」という）と負傷者数（以下「統計負傷者数」という）との乖離の状況を表したものである。乖離の状況から数値の整合性を判断することができる。

（1）死亡乖離率の推移と2018年の状況比較

死亡乖離率は、1999年は1・0を下回っていたが、2000年は1・0をわずかに上回

表１−４　交通事故統計数値と自賠責保険支払件数および事故件数乖離率

年	交通事故統計数値		自賠責保険支払件数		事故件数乖離率	
西暦（和暦）	死者数（増減率）	負傷者数（増減率）	死亡件数（増減率）	傷害件数（増減率）	死亡乖離率	傷害乖離率
1999（平成 11）	9,012（1.0）	1,050,399（1.0）	9,413（1.0）	1,093,628（1.0）	0.96	0.96
2000（12）	9,073（1.01）	1,155,707（1.10）	8,935（0.95）	1,142,984（1.05）	1.02	1.01
2001（13）	8,757（0.97）	1,181,039（1.13）	8,456（0.90）	1,175,778（1.08）	1.04	1.00
2002（14）	8,396（0.93）	1,168,029（1.11）	8,326（0.89）	1,195,400（1.09）	1.01	0.98
2003（15）	7,768（0.86）	1,181,681（1.13）	7,702（0.82）	1,206,408（1.10）	1.01	0.98
2004（16）	7,436（0.83）	1,183,617（1.13）	7,277（0.77）	1,181,564（1.08）	1.02	1.00
2005（17）	6,937（0.77）	1,157,113（1.10）	6,807（0.72）	1,179,664（1.08）	1.02	0.98
2006（18）	6,415（0.71）	1,098,564（1.05）	6,168（0.66）	1,129,936（1.03）	1.04	0.97
2007（19）	5,796（0.64）	1,034,652（0.99）	6,029（0.64）	1,156,333（1.06）	0.96	0.89
2008（20）	5,209（0.58）	945,703（0.90）	5,482（0.58）	1,127,755（1.03）	0.95	0.84
2009（21）	4,979（0.55）	911,215（0.87）	5,128（0.55）	1,117,373（1.02）	0.97	0.82
2010（22）	4,948（0.55）	896,297（0.85）	5,325（0.57）	1,139,807（1.04）	0.93	0.79
2011（23）	4,691（0.52）	854,613（0.81）	5,126（0.55）	1,160,178（1.06）	0.92	0.74
2012（24）	4,438（0.49）	825,392（0.79）	4,785（0.51）	1,161,266（1.06）	0.93	0.71
2013（25）	4,388（0.49）	781,492（0.74）	4,509（0.48）	1,194,591（1.09）	0.97	0.65
2014（26）	4,113（0.46）	711,374（0.68）	4,321（0.46）	1,165,576（1.07）	0.95	0.61
2015（27）	4,117（0.46）	666,023（0.63）	3,985（0.42）	1,167,648（1.07）	1.03	0.57
2016（28）	3,904（0.43）	618,853（0.59）	3,932（0.42）	1,149,232（1.05）	0.99	0.54
2017（29）	3,694（0.41）	580,850（0.55）	3,783（0.40）	1,134,997（1.04）	0.98	0.51
2018（30）	3,532（0.39）	525,846（0.50）	3,542（0.38）	1,097,004（1.0）	1.00	0.48
2019（令和元）	3,215（0.36）	461,775（0.44）	未公表	未公表	—	—

り、2006年まで微増傾向が続いた。2007年から微減となり、2014年まで同様の傾向が続いた。2015年から2018年は1・03～1・0で推移している。

20年間の推移を見ると、上回りの最大値は1・04（上回り4％）で下回りの最大値は0・92（下回り8％）である。上回り下回りとも10％を超えることはなく、突出した乖離はない。

統計死者数は、24時間以内死者数で、自賠責保険が支払対象としない自損事故による死者数を含む。自賠責死亡件数は、24時間以内にかかわらず当該事故による（因果関係が認められる）死亡件数である。各数値の事情を考慮しても、自賠責死亡件数が統計死者数を上回ると考えられることから、乖離率は、1・0を下回り、かつ、1・0に近い数値になるものと思われる。乖離率が1・0に近いほど両数値は同様の状況を示していることになり、整合性が認められるものである。ちなみに、死亡乖離率の20年間の平均は、0・99である。

2018年については、統計死者数は3532、自賠責死亡件数は3542、差は10、乖離率は1・0であり、整合性が認められる。

以上から、統計死者数と自賠責死亡件数は、整合していると判断できる。

(2) 傷害乖離率の推移と2018年の状況比較

傷害乖離率は、1999年から2006年まで8年間は、最大値1・01（2000年）から最小値0・96（1999年）の間で推移した。10％を超える数値差はない。8年間の平均傷害乖離率は0・99である。平均値の0・99は、平均死亡乖離率0・99と同じであり、整合性が認められる数値である。

2007（平成19）年に0・89となり、突如として乖離が大きくなった。2006年が0・97であるから、対前年0・08（8％）も拡大したものである。2007年の死亡乖離率は、0・96であるから、単純比較はできないとしても、0・89は低下の度合いがあまりに大きく、傷害乖離率の拡大は違和感を覚える。

2008年以降も、乖離率は毎年、対前年を上回って拡大し、2010年に0・7台になり（0・79）、2013年に0・6台になり（0・65）、2015年には0・5台（0・57）となった。直近の比較データである2018年は、0・48である。0・48は、これまでの最大の乖離である。

以上から、統計負傷者数と自賠責傷害件数は、整合していないと判断できる。

5　20年間の推移と疑問

1999年から2018年までの20年間について、交通事故統計における死傷者数（以下「統計死傷者数」という）と自賠責保険支払件数における死亡傷害計（以下「自賠責死亡傷害計」という）の内容と推移の状況を比較すると、統計死者数・自賠責死亡件数は、いずれも同様の大幅な減少傾向が認められる。しかし、統計負傷者数が約50％減少しているのに対して、自賠責傷害件数は増減なしで減少していない。統計死傷者数・自賠責死亡傷害計は、統計負傷者数・自賠責傷害件数と同様で、統計死傷者数が約50％減少しているのに対し、自賠責死亡傷害計は増減なしで減少していない。

なぜ、警察庁発表の統計（統計死傷者数）と自賠責保険の統計（自賠責死亡傷害計）とで、これほどの違いがあるのか。実状はどうなのか。理由は何か。疑問を抱かざるを得ない。

（1）「隠れ人身事故」の存在

前述の死亡乖離率において見たとおり、統計死者数と自賠責死亡件数は、死亡事故の発生と支払手続きとして連動しているものであるから、自賠責保険が事後手続きとなることを考慮しても、各年の数値は、それほど差のない近似値になると考えられる。負傷者数については、死者数のような時間的制約はないから、本来、より近い数値になるはずである。

事実、1999年から2006年までの8年間の平均傷害乖離率は0・99であり、平均死亡乖離率と同じである。

傷害乖離率とは、統計負傷者数が、自賠責傷害件数を1・0とした場合にどれほどの数値になるか、統計負傷者数と自賠責傷害件数の差がどれほどあるかを見るものである。

傷害乖離率の拡大（数値が1・0よりさらに小さくなっていくこと。2018年は0・48）は、統計負傷者数と自賠責傷害件数の数値差が2倍以上に大きく開いている状況を示している。検討すべき問題は、その数値差つまり乖離の状況を生じさせた要因である。

自賠責保険請求の実務では、すべての事案が交通事故扱い（人身事故扱い。以下同。交通事故証明書が添付されている）となっているわけではない。人身事故扱いとなっていない、物件事故証明書による請求事案（以下「物件事故扱事案」という）が存在する。損保料率機構は、近年、物件事故扱事案が増加していると認めている。

物件事故扱事案の数がわかれば、統計負傷者数と自賠責傷害件数の数値差について、実数に基づいた検討ができると思うが、損保料率機構は物件事故扱事案数を公表しておらず、具体的に検討を進めることができない。

しかし、傷害乖離率0・48の意味すること――統計負傷者数と自賠責傷害件数の数値差は2倍以上であること――も併せ考えれば、物件事故扱事案は、約50％程度（あるいはそれ以上）存在するのではないかと推定される。

仮に、物件事故扱事案が50％とした場合には、109万7004（2018年自賠責傷害件数）の50％、すなわち54万8502件が交通事故扱事案となる。この数値は、統計負傷者数52万5846（2018年）と近似するものである。

統計死傷者数は、交通事故が人身事故として取り扱われた件数である。自賠責死亡傷害計は、自賠責保険が人身事故損害として請求を受け、人身事故と認定して支払った件数で、交通事故扱いになっていないものも含まれている。二つの統計数値の差異は、人身事故でありながら交通事故扱いになっていない、「隠れ人身事故」の存在が要因である。そして、その存在には、実は警察の対応と保険会社、損保料率機構の取り扱いが関係しているのではないかと筆者は考えている。

(2)「隠れ人身事故」の実状

前記のとおり、21年前に比べて死者数は約64％減少したことが、数値の整合から認められる。しかし、負傷者数については、統計負傷者数と自賠責傷害件数との差異がはなはだしく、自賠責傷害件数に対して統計負傷者数があまりに過少であることから、統計負傷者数が実状を反映していると判断することは到底できない。

自賠責死亡傷害計は、１９９９年を基準（１・０）とした場合、２０１８年が１・０であるから、20年前に比べて増減はなく減少していない。

筆者は、交通事故発生状況の実態は、自賠責保険支払件数に反映されていると考えるところから、死者数は減少したが、負傷者数、死傷者数は実際には減少せず推移していると考えている。

１９９９年から２０１８年までの間の自賠責死亡傷害計は、１１０万５４６（最小値、２０１８年）から１１９万９１００（最大値、２０１３年）の範囲で推移し、すべて１１０万を超えている。

かつて「交通戦争」と呼ばれた1970年あるいは1992年当時であっても、死傷者数は100万人を超えていなかったことを考えれば、現在の状況は、かつての「交通戦争」当時を超える状態が続いているといえるのではないだろうか。

傷害乖離率の拡大傾向は、2007年に始まった。以後乖離は拡大を続け、2018年に、傷害乖離率は0・48となっている。

2018年の統計負傷者数は52万5846人、自賠責傷害件数は109万7004件である。乖離率0・48の意味する数値について、拙速、単純に過ぎる論理との批判を甘受の上で述べれば、傷害件数のうち約52％程度、件数でいえば、57万442件程度が、「隠れ人身事故」であることになる。

あくまで仮定の推論ではあるが、上述の割合および件数は、「極めて異常」であるといわざるを得ない。

6　交通事故発生後の取扱い

ここで改めて、事故発生後の当事者の対応、警察、保険会社等の取扱いの概要および問題点を見ておこう。

(1) 交通事故発生時の当事者の義務等

事故の当事者である運転者等には、事故発生時の一連の義務として、負傷者の救護義務とともに警察への報告義務が定められている。(注4)

運転者の義務について、判例は、被害者の負傷の有無程度に関して、「人身事故を発生させたときは、直ちに車両の運転を停止し十分に被害者の受傷の有無程度を確かめ、全く負傷していないことが明らかであるとか、負傷が軽微なため被害者が医師の診断を受けることを拒絶した等の場合を除き、少なくとも被害者をして速やかに医師の診療を受けさせる等の措置は講ずべきであり」(注5)としている。

また、別の判例は、物損の程度に関して、「報告の対象となる『損壊の程度』については何らの限定がなく、極めて軽微な場合は報告を要しないとされているわけではないのであるから、所論の如く事故に因って生じた損壊の程度の如何によって右報告義務を免れしめるものではないことは規定の文言自体からして極めて明白なところである」(注6)としている。したがって前掲判例に照らせば、報告義務は人の死傷または物の損壊がある以上、本来、負傷の程度や損壊の程度如何を問わずに(受診の拒絶等の例外を除き)負わなければならないものであるということができる。

（2）当事者の対応

交通事故が発生した場合、当事者は警察の事故取扱いを受け、自動車保険（対人賠償保険）を契約している加害者は、加入している保険会社へ事故報告を行うことになる。

交通事故の加害者は、被害者に人身損害が発生した場合には、刑事上・行政上の処分を受けることになるのが大方である。しかし、物件事故扱いの場合は、基本的に処分を受けることがない。加害者となった当事者は、処分を免れたいとするのが心情であろうから、被害者が、傷害はあるが物件事故扱いに同意することは、法的な問題はともかく、加害者の欲するところになる。ここに、実態としては人身事故であるが、形式的には物件事故となる「隠れ人身事故」が生じる原因がある。

（3）警察の取扱い

次に交通事故が発生した場合に、警察がどのように取り扱っているのかという問題である。人身事故とするか物件事故とするかの取扱いは、必ずしも警察の判断によるものではなく、当事者の意向にゆだねられる場合がある。死亡事故や重大事故による傷害の場合に、物件事故扱いになることは考え難いが、比較的軽症の場合は、当事者の申し出によって物件事故扱いとすることがあり得る。事故発生時に医療機関で診療を受ける、あるいはその後に受診する意思表示があったとしても、当事者から診断書が提出されなければ人身事故扱いにはならない。

事故後に当事者が受診した場合でも、警察へ診断書が提出されなければ、事故は物件事故として取り扱われることになる。

問題は、警察が当事者にどのような指導、要請を行っているかである。警察が担う交通行政は、交通安全のための取締り、事故防止対策等多岐に及ぶが、一定の強制力を持つ行政組織として、当事者に対し法定の義務を履行し、正しい手続きをとるように指導、要請するべきである。しかし、「隠れ人身事故」が増加しているということは、警察においてこのような指導、要請が適切に行われていないのではないかと推測できる。

事故の発生は、交通社会において避けることが困難であるから、事故発生件数の増減が交通行政の評価に結び付くものではない。

実態に応じた事故取扱いにより、結果としてより正確な数値として把握され、国家行政施策に反映されるよう、適切な対応が求められるものである。

(4) 保険会社の取扱い

保険会社は事故受付の際、契約者（加害者）に対して警察届出の有無を確認し、未届けの場合は人身事故として届出を行うよう要請するのが一般的である。

保険会社に対する事故報告や相談において、加害者が物件事故扱いでの人身事故保険取扱いを相談したり、要請することがある。この場合に、保険会社がどのように対応しているかである。被害者が、事故発生時には受診予定が不明であったため物件事故扱いとしたが、その後に受診した場合も同様である。

保険会社は、人身事故とするか物件事故とするかは当事者の問題であり、強制できる立場にないというかもしれない。しかし、人身事故となっていない場合は傷害発生を認定できないことがあると説明することは可能であるし、改めての人身事故届出を要請すべきである。「隠れ人身事故」が増加しているということは、このような要請が適切に実施されていないということではないだろうか。

(5) 損保料率機構の取扱い

損保料率機構は、自賠責保険の損害調査を担う機関であるが、事故発生の当初から当該事故の相談や対応にかかわることは、基本的にない。

近時、対人賠償事故において、保険会社による示談代行サービスが一般的になった。契約者(加害者)や被害者への相談対応は保険会社が行うことから、事故に関する必要事項の確認および傷害発生事実の認否等について、損保料率機構が主体的に調査を行うことは困難であり、実際上、保険会社の人身損害認定を追認することになっていると思われる。この点からも保険会社の責任は重いといえる。

保険会社は、対人賠償事故の場合は被害者との示談終了後に、人身傷害保険事故の場合は被保険者との協定後に、請求書類を損保料率機構に提出する。問題は、損保料率機構が認否の判断を含め、どのように取り扱っているかである。

7　物件事故扱事案の問題点

統計死傷者数と自賠責死亡傷害計の相違について、損保料率機構は次のように説明している。

交通事故死傷者数の推移と比較すると、死亡の支払件数は、交通事故死者数と概ね同様の減少傾向となっていますが、傷害の支払件数は、人身事故として警察に届出がなされなかった事故への支払いが増加しているため、交通事故負傷者数の減少傾向よりも減少度合いは緩やかになっています。(注7)

物件事故証明書は、当該事故が物件事故として取り扱われた事実を証明するもので、見方を変えれば、人身損害は発生していないともみられるものである。

物件事故扱事案の問題に関して、損保料率機構は、次のように説明している。

人身事故として警察に届出がなされなかった事故への支払い

交通事故が発生した場合、基本的には、人身事故あるいは物件事故として警察に届出がなされますが、自賠責保険では、人身事故として警察に届出がなされなかったものであっても、実際に負傷されたことが確認された場合には支払いを行うことが必要であり、近年、このような支払いが増加しています。この理由として、交通事故に遭われた方の手続き的な負担にも配慮し、物件事故扱いのまま保険金請求が行われるケースが増えてきていることが挙げられます。自賠責保険の傷害支払件数のうち、人身事故として届出がなされた事故への支払いは、交通事故負傷者数と同様に減少しているものの、人身事故として届出がなされなかった事故への支払いが増加しています。この結果、自賠責保険の傷害支払件数も減少はしているものの、その減少割合は、交通事故負傷者数の減少割合より小幅となっています。(注8)

損保料率機構の説明は、文言の意味としてはわかるが、具体的な数値が示されていないこともあって、実態を理解しづらい。

説明の主題は、物件事故扱事案が増加している事情と物件事故扱事案に対して保険金を支払う理由などであるが、損保料率機構の説明には疑問がある。「交通事故に遭われた方の手続き的な負担にも配慮し、物件事故扱いのまま保険金請求が行われるケースが増えてきていることが挙げられます」とある。「交通事故に遭われた方の手続き的な負担にも配慮し」とは、どういう意味であろうか。文意としては、被害者の負担軽減のためと解される（読み方によっては加害者とも解される）が、被害者であれ加害者であれ、事故の当事者が警察の事故取扱いに協力することは、社会を構成する一員としての義務であり、当然の行為であるから、当事者の負担を考慮の対象とするのは妥当ではない。仮に、当事者としての煩わしさがあるとしても、損保料率機構（あるいは保険会社）がかかわる問題ではないと思う。

さらに、「自賠責保険の傷害支払件数のうち……人身事故として届出がなされなかった事故への支払いが増加しています。この結果、自賠責保険の傷害支払件数も減少はしているものの、その減少割合は、交通事故負傷者数の減少割合より小幅となっています」と説明されている。

２０１７（平成29）年度の自賠責傷害件数は１１３万４９９７で、２０１８年度が１０９万７００４であるから、３万７９９３減少している（減少割合３・４％）。２０１７年の統計負傷者数は58万８５０で、２０１８年が52万５８４６であるから、５万５００４減少している（減少割合９・５％）。たしかに自賠責傷害件数と統計負傷者数の減少の割合に差はあるが、その減少割合差の生じる原因である統計負傷者数の減少は、物件事故扱事案の増加によるものである、と説明しているように思われる。そのように解するのであれば、統計負傷者数の減少は、実質の減少ではなく、減少分の相当部分を物件事故扱事案が占めているためであることになる。損保料率機構の説明は、統計負傷者数の減少が物件事故扱事案の増加による相対的な減少であると解されるものである。

また、人身事故として届出がなされなかった場合の支払いについて、次の説明がある。

人身事故として届出がなされなかった場合で自賠責保険が支払われるケースとは？
事故当時、ケガの自覚症状がなかった場合や、ケガが軽微であった場合には、人身事故として警察に届出を行わないまま、その後、ケガの治療を行う場合があります。このようなケースでも、医師による診断書などの提出により、事故とケガの発生に因果関係が確認された場合には、自賠責保険の保険金が支払われます。(注9)

この説明も疑問である。

人身事故として届出がなされない例を挙げているが、「ケガが軽微であった場合」が、警察に届出をしない理由になるというのは理解できない。ケガがあり受診したのであれば、診断書を警察に提出すればよいのであるから、ケガの軽重が問題になるものではない。「ケガの自覚症状がなかった場合」の説明は、さらに疑問である。自覚症状がない場合にケガの治療を行い、自賠責保険に請求することを認めるとは理解できない。自覚症状のない受診（そもそも自覚症状のない被害者が受診するという設定は疑問だが）は、人身事故として届出をするかしないかの問題ではなく、自賠責保険の支払対象とするかどうかの問題ではないのか。

こう言うと、自覚症状はないが念のため診察を受けたい被害者もいる、という論があるかもしれない。筆者も、そのような場合があることを否定はしない。しかし、その場合には、ケガの治療ではなく検査費用（一般的には1日分の検査費用であろう）の認否として検討されるべきであるから、「ケガの自覚症状がなかった」ことが、治療を受け自賠責保険を請求する正当な事由に当たるとは思えない。

この説明は、軽症である場合には警察に人身事故届出をしなくても自賠責保険金は支払われる、軽症であることを理由とすれば交通（人身）事故証明書は必要ない、とも取れる感がある。

【第1章注】

（注1）自動車とは、道路運送車両法第2条第2項に規定する自動車（一般的にいう「自動車」を指す）および同条第3項に規定する原動機付自転車（バイク）をいう（自賠法第2条）。

（注2）参考文献：『自賠責保険のすべて』12訂版、伊藤文夫、佐野誠編、保険毎日新聞社、2014年3月16日発行。

（注3）事故件数乖離率：2つの数値の間にどれほどの差異があるか比べるため、一方を基準として算出する比率。差がなければ1・0である。1・0を上回る場合は基準に対して件数が多く、下回る場合は基準に対して件数が少ない。乖離率が1・0から離れるほど乖離が大きい。

（注4）道路交通法第72条。

（注5）最判昭和45年4月10日、「刑事裁判例集」第24巻4号134頁。
（注6）東京高判昭和45年12月8日、「高等裁判所刑事裁判例集」第23巻4号852頁。
（注7）「2019年度（2018年度統計）自動車保険の概況」23頁、損保料率機構、2020年4月発行。
（注8）（注7）に同じ。
（注9）（注7）に同じ。

第２章　自賠責保険制度の現状と課題

「隠れ人身事故」の存在は、実は自賠責保険に関する公的な会議等においても明らかにされている。以下、その状況を見ていこうと思う。

１　自賠責保険の認定業務

自賠責保険は、自賠法によって定められた保険制度であり、国の強い規制のもとにある。自賠責保険の保険金額は政令で定められ、支払基準も国土交通大臣および内閣総理大臣が定めることとなっている。

自賠責保険は、その社会公共的な性格から、公平な損害調査に基づく適正な保険金支払を行うことが強く求められている。

自賠責保険の損害調査は、当初、自賠責保険を取り扱う保険会社が共同で設置した自賠責保険共同本部および共同査定事務所で行っていたが、１９６４（昭和39）年に自賠責保険共同本部および共同査定事務所が新たに設立された自動車保険料率算定会（以下「自算会」という）に引き継がれ、自賠責保険の損害調査は自算会が行うこととなった。自算会は2002（平成14）年7月に損害保険料率算定会と統合して損保料率機構となった。

統合されて現在の形となっている損保料率機構は、損害保険料率算出団体に関する法律（以下「料団法」という）によって設立され、全国に調査事務所を設置し、支払基準に基づき損害調査を行うことにより、自賠責保険制度の公平性、均質性を保つこととしている。

損保料率機構の定款は、料団法の規定を受けて業務の範囲を定め、定款は、その内容（変更時も含む）について内閣総理大臣の承認を得る必要があり（料団法3条2項および5条）、行政の強い規制の下にある。

調査事務所の調査認定内容は、保険会社に調査結果として報告される。保険会社が調査事務所の調査結果に異議がある場合は、調査事務所に再調査を依頼することができる。保険会社と調査事務所の見解が相違して協議が整わないという事態は考え難いが、調査事務所が自賠責保険の損害調査を行うことは、自賠責保険の認定実務として定立している。

また、料団法が「この法律は、損害保険における公正な保険料率の算出の基礎とし得る参考純率を算出するために設立される損害保険料率算出団体について、その業務の適切な運営を確保することにより、損害保険の健全な発達を図るとともに、保険契約者等の利益を保護することを目的とする。」（1条）と定めるように、調査事務所の損害調査は、損害保険事業の健全な発達を図るという国家行政施策の要請と、保険契約者等の利益保護に資することを合目的とするものであるから、保険会社は調査事務所の調査認定内容を尊重するべき立場にあると考えられ、その内容を自社の判断として決定することが商慣習として確立しているといえる。

判例も、「一般に、自賠責保険の実務では、被害者の迅速、公平な救済を図るため、各保険会社が損害額に関する資料を算定会に送付し、算定会の下部機構である調査事務所で統一的に損害額の調査を行い、各保険会社は、その調査結果に基づいて支払額を決定するというのが確立した慣行となっている」(注1)としている。(注2)

2　自賠責保険に係る審議

金融庁には、自賠法第31条に基づき、内閣総理大臣の諮問に応じて調査審議するために、自動車損害賠償責任保険審議会（以下「自賠審」という）が設置されている。自賠審の事務局は金融庁の担当課が務め、学識経験者、弁護士、関係団体役員などが委員となり、損保料率機構、日本損害保険協会（以下「損保協会」という）、国土交通省（以下「国交省」という）もそれぞれ担当者が出席している。

自賠審では、基準料率の検証、規程の変更、運用益の使途など自賠責保険に関連するさまざまな事項が審議される。審議は公開となっており、議事録も開示されている。

また、国交省には、自動車局長の私的懇談会として、「今後の自動車損害賠償保障制度のあり方に係る懇談会（以下『あり方懇』という）」があり、自賠責保険制度に係る諸問題が議論されている。あり方懇には、金融庁の担当者も出席し、自賠審委員と同じ委員も多い。懇談会は公開となっており、議事録も開示されている。

以下においては、本書で問題点として検討している、統計負傷者数と自賠責傷害件数の乖離および自賠責保険請求における物件事故扱事案の問題並びに関連する事項（以下「本件問題点等」という）について、自賠審とあり方懇において、どのような論議が行われたのか、議事録から見ていこうと思う（議事録は、金融庁、国交省のホームページより引用）。

統計負傷者数と自賠責傷害件数の乖離は、2007（平成19）年に始まった（乖離率0・89）。2007年の自賠責傷害件数は、2009年の自動車保険の概況で確認できる。2007年の統計負傷者数は、2008年には確認できる。したがって、2009年には両数値が確認できることから、翌2010年から2020年までの議事録を見ることにする。

※●：自賠審、○：あり方懇

（1）●第127回（2010（平成22）年1月19日）自賠審議事録、部分

本審議会において、本件問題点等についての論議はない。傷害の事故率についても特段の認識は示されていない。

損保料率機構T委員　……傷害の事故率につきましても、15年度以降おおむね減少傾向での推移でございますので、今後も減少傾向が続くということで見込みまして、21年度が1・3436５％、22年度が1・3352０％ということで予測しております。

（2）〇2010（平成22）年度あり方懇議事録。2010年6月25日開催

本懇談会において、本件問題点等についての論議はない。

（3）●第128回（2011（平成23）年1月14日）自賠審議事録、部分

本審議会において、本件問題点等についての論議はない。傷害の事故率についても特段の認識は示されていない。

損保料率機構S委員　……表の右端の傷害の事故率をご説明させていただきます。17年度以降、おおむね減少傾向での推移でございますが、交通事故負傷者数の動向も、21年以降は減少率に鈍化が見られる状況にございますことから、死亡と同様、22年度以降の傷害事故率につきましては、21年度と同率の1・3580４％で予測をしております。

金融庁S保険課長　……あり方懇で、被害者対策、事故対策に絡むさまざまな支出をしていることについて、もっと役所間の連携も強めて総合的に検討すべきだというN委員のご指摘は、非常に重く受けとめておりまして、これは国土交通省さんと今後しっかり話をいたしますけれども、金融庁としてもあり方懇に何らかの形で出席するような形で、連携をさらに深めていきたいなというふうに思っております。

役所間の連携を強めて総合的に検討すべきという委員の指摘に対して、金融庁S課長は、国交省のあり方懇に出席し、更に連携を深めていきたい旨を述べている。本審議会には、国交省から自動車交通局Y保障課長が出席している。

(4)●第129回(2011(平成23)年1月20日)自賠審議事録、部分

本審議会において、本件問題点等についての論議はない。しかし、審議事項に関する論議がある。

国交省Y保障課長　……あり方懇談会は6月、例年やっておりますので、そちらでそういった検討の結果についてご報告するようなことはできるんですすけれども……あり方懇談会と自賠責審議会は、共通している方も多いんですが、メンバーが違うということのほかに、現に運用している保険制度これをどうするかというのが自賠責審議会、一方、あり方懇談会のほうは被害者対策を中心とする。国自身は保険事業そのものは既に行っておりま

せんので、そういう被害者対策の中身みたいな議論をしているので、性格が若干違っております。……今の自賠責審議会の検討の体制を実質の議論の過程においてはきちんと継続したような形で、中身の議論をきっちりしていただいて、その結論をあり方懇談会などでご報告させていただくということに関しては全くやぶさかではございません……

金融庁S保険課長　金融庁といたしましては、あり方懇談会で被害者対策の議論をする際に、役所が違うからどうも連携が足りないなとか、総合的な視点で見ると無駄があるなというふうな指摘をいただかないよう、私どももあり方懇談会にしっかり出席をして、その議論を踏まえて、……私どもの所管で言いますと、損害保険協会のやっておられる被害者対策の事業について、総合的な見地から無駄がないような事業を行っていただくように、しっかり監督をしてまいりたいというふうに思っております。

Y会長　……きょうはその宿題についてどう対応するかということについてご説明をいただいております。宿題がこの時点で全部解決されたというわけではなくて、審議会、あるいは先ほど言った国土交通省の懇談会、その他のいろいろな関係機関を通じて、今後とも引き続き改善を図っていくための検討をする必要があるのではないかということではございますが、一応、前回の委員からいただいたような宿題にはお答えが出ているのではないかと思います。それに対するご意見もきょう伺って、なお改善する余地もあるのではないかというご意見もいただきましたが、そういうご意見も含めて、今後、いろいろな関係機関でご検討を続けていただくとそういうことで、最初の見直しの前提というのは一応満たされたというふうに私としては皆様方のご意見を判断いたします……

審議事項の検討に関して、国交省Y保障課長は、自賠審での議論をあり方懇で報告することはやぶさかではないと述べ、金融庁S保険課長は、連携不足とならないように努める旨を述べている。金融庁S保険課長の、役所の相違、連携不足、総合的視点欠如からくる弊害を排するとの趣旨は、正論である。問題は、その発言通りに、あり方懇で問題についての認識が共有され論議が行われているかということである。Y会長も、基本認識として、さまざまな機会、いろいろな関係機関を通じて改善を図っていくための検討が必要であるとの趣旨を述べている。

(5)〇平成23年度あり方懇議事録。２０１１（平成23）年６月30日開催

本懇談会において、本件問題点等についての論議はない。

(6)●第１３０回（２０１２（平成24）年１月31日）自賠審議事録、部分

本審議会において、初めて本件問題点等についての論議が出てきた。これまで自賠審において論議されていなかったが、今回初めて論議されたものである。

損保料率機構S委員　……傷害の事故率をご説明させていただきます。過年度の動向といたしましては、平成20年度までは緩やかな減少傾向で推移しておりましたが、21年度以降は増加傾向に転じております。その理由ですが、警察統計における交通事故負傷者数は一貫して減少が続いているのに対しまして、その交通事故負傷者数には反映されない、いわゆる物損事故扱いとして処理された事故において生じていた傷害に対する自賠責の支払いが近年増加傾向となっておりまして、全体の3割弱を占める水準になっております。その結果、自賠責保険における傷害事故件数は、警察統計上の交通事故負傷者数の減少と、今申しました物損事故扱いで処理された傷害事故の増加のバランスにより、21年度以降は増加傾向となっております。ところで、このような物損事故扱いで処理された傷害事故に対する支払い動向の背景といたしましては、以前、昭和59年の自賠審で交通事故の発生事実を十分確認すべきとのご指摘がありましたことから、以降、交通事故証明書、特に人身事故扱いの証明書の取りつけを励行してきたという経緯がありますが、一方で近年では、さらに保険金請求に関する丁寧な掘り起こしを行う観点から、保険金支払いの可能性のある事故につきまして、比較的軽微な事故についても漏れのないよう確認を徹底しているという取り組みが影響しているものと考えられます。……物損事故扱いで処理された事故につきましては、その増加率は若干縮小しておりますものの、引き続き増加傾向にあります。

日本医師会F委員　……物損事故の場合に普通は自賠責保険から治療費等は出ないのです。

やはり医師が診断書をきちっと書いて、1週間の治療が必要であるとか、治療の予測をするんです。医師の診断書が警察に届けられ、人身事故扱いとなった後に、自賠責保険が稼働し始めるというのが一般の国民ないしは医療機関の常識になっています。物損でありながら、後日症状が出たということで治療を開始するときに、医師の診断書がなくて3割も交通事故診療で行われているという事実を聞きまして、それは非常に問題じゃないかと思います。やはり物損であることをきちっと解除して、必ず医療機関を受診させて、医師の診断書を提出させて、対人賠償事例として自賠責の実数に上げていかないと、データが非常に不完全なものになってくるということです。やはり不正請求の温床となる可能性があるし、長期間の治療が漫然と続けられる土壌にもなってくるんじゃないかと思います。その辺は、やはりきちんとした対応をしていくべきかと思います。

損保料率機構S委員　F先生のご指摘は確かにそのとおりで、事故が起こった場合に非常に軽微なケース等につきましては、その瞬間では人身の届け出がなかなかできずに、そのまま経過してしまうというケースがあります。後ほどいろいろ症状を訴えるというケースが物損事故証明による自賠責の支払いということになるんですが、ただ、この確認につきましては業界及び私ども機構におきまして、きちんと医師の診断をいただくというようなことを徹底する動きをしておりますので、タイミングは少し遅れますけども、F先生のご指摘のとおりの取り組みを今進めておりますので、そういう観点では、不正の請求がないような形で取り組みを徹底しているところでございます。

日本医師会F委員　……自動車事故の場合、軽傷が9割近くを占める。交通事故の件数が減ってきて、死亡事故が減ってきてということからすれば、本来、支払保険金というのは、それに比例して減ってこなくてはいけないんですね。それが8000億円ぐらいで推移しているというところにやっぱり異常さを感じます。これだけのメンバーがいながら異常に気づかないということは僕はおかしいと思います。……支払保険金を交通事故の現状から、減るべき支払保険金が減っていないのはなぜかということ、新たに委員会を立ち上げる必要は十分あると思います。

損保料率機構S委員は、「交通事故負傷者数には反映されない、いわゆる物損事故扱いとして処理された事故」において生じた傷害事案、すなわち物件事故扱事案が増加し、全体の3割弱を占めていると認めている。

増加の理由として、「近年では、さらに保険金請求に関する丁寧な掘り起こしを行う観点から、保険金支払いの可能性のある事故につきまして、比較的軽微な事故についても漏れのないよう確認を徹底しているという取り組みが影響しているものと考えられます」と説明している。しかし、この説明には疑問がある。

「保険金請求に関する丁寧な掘り起こしを行う観点」とは、どういう意味であろうか。保険会社が物損事故受付時に、当事者に対して症状があるなら医療機関を受診するように勧めているということなのだろうか。この対応は通常であると思う。事故後に受診したのであれば、その時点で人身事故扱いにすればよいのである。

「比較的軽微な事故についても漏れのないよう確認を徹底しているという取り組みが影響しているものと考えられます」とある。保険会社は、軽微な事故であっても当事者に受診を勧める取り組みを推進しており、その影響の結果、物件事故扱事案が増加しているとの趣旨と解される。保険会社は、「漏れのないよう確認を徹底（する）」取り組みを推進しているのであろうか。損保協会が保険会社に対して、不正請求の温床になりかねない「比較的軽微な事故」による受診を推進することは考えにくいものがある。「軽微な事故」の意味は定かでないが、「軽症である場合」とするならば、症状の程度によって警察への届出が決まるものではなく、受診後に人身事故扱いにすればよいのであるから、「比較的軽微な事故」は理由になるものではないと思われる。

S委員の説明に対して、日本医師会F委員は、「物損事故の場合に普通は自賠責保険から治療費等は出ないのです。……医師の診断書が警察に届けられ、人身事故扱いとなった後に、自賠責保険が稼働し始めるというのが一般の国民ないしは医療機関の常識になっています」と述べている。まさに正論である。

F委員は、物件事故扱いとして治療が行われる事案について、医師の診断という裏付けのないままに、3割が交通事故診療で行われていることは非常に問題であると述べ、さらに、物件事故扱いは人身事故扱いに変更すべきであり、不正請求の温床になる可能性があることや漫然長期治療の土壌にもなり得ると指摘している。傾聴に値する有意な意見である。

F委員の意見に対してS委員は、非常に軽微なケース等では人身の届け出がなかなかできずにそのまま経過してしまうケースがあると述べている。そうなのだろうか。事故発生時に傷害（症状）があれば、医療機関を受診するのであるから、事故が非常に軽微であるかどうかが関係するものではない。事故が非常に軽微なケースだからといって人身事故の届出ができないという理由は疑問である。

S委員は、損害保険業界と損保料率機構において、医師の診断を受けるということを徹底する動きをしていると回答している。この「徹底する動き」というのが何であるのかは明示がないが、何らかの施策の推進であるような感がある。損保協会と損保料率機構は、共同で、物件事故扱事案における医師の診断について、何か施策を推進しているのであろうか。

F委員は自賠責保険の支払いにおいて、人身事故扱いではない事案が3割を占めるのはおかしいと、支払対応の不適切性を指摘している。S委員の説明は、その3割については確認をしているとするもので、不適切性事案が3割を占めていることの是非については説明しておらず、十分な回答になっていないように思われる。

F委員は、交通事故が減ってきているのにもかかわらず、支払保険金が減っていないのはおかしい、異常さを感じるとして、新たに委員会（部会、分科会の趣旨と思われる）を立ち上げる必要があると述べている。

本審議会におけるF委員の意見は、支払いの不適切性を指摘するもので、統計負傷者数と自賠責傷害件数の乖離、交通事故による負傷者の実態数値に論及するものではない。しかし、本件問題点等が存在することは、十分に認識できる論議である。また、F委員の指摘する問題は、自賠責保険の適正な運営に関して検討すべき重要な課題である。

F委員のほかに、本審議会出席の他の委員から、本件問題点等に関する意見はない。本審議会には、国交省からG参事官が出席している。G参事官は、F委員の指摘および本件問題点等について、どのように認識したのであろうか。

(7) ○平成24年度あり方懇議事録、部分。2012（平成24）年8月1日開催

本懇談会において、本件問題点等についての論議がある。

日本医師会F委員　……例えば物損事故で軽傷の場合に、一週間以内に医療機関に関わらないが、医業類似行為に行き、その施術証明書で自賠責保険が支払われているという情報提供がありました。我々医療機関としては、必ず交通事故が起きた際には医者に診断書を書いてもらうようにしていただきたい。我々は厳しく診断書でどのくらい治療期間がかか

るのか、推定で、（最：筆者）短どのくらいで治るのかということにつきましては必ず警察から問い合わせが来ましてそれに応じて入院の期間あるいは通院の方は通院の期間を診断書として発行し、それが警察に届けられて初めて人身事故であるという証明がされ、事故証明が約一週間で発行されて自賠責保険が稼働し始めるという認識を国民の方も我々医療機関も持っております。しかし、当初は物損事故で処理をされているような交通事故の案件が途中から人身事故になった場合、医療機関に来ないで治療が続けられて、そしてその期間が半年とか一年とかになって（最：筆者）終的に後遺症診断書を書いてくれと医療機関に来た場合に、医療機関にはカルテがないわけですね。現実的には書けない。……それはなぜかというと「むち打ち」は解剖できないからなのです。外科的手術ができず、画像でしか間接的に証明できないということで非常に難しい問題が残っている。症状は軽いですが、半年や一年間治療をするとそこには慰謝料、休業補償が発生してくる。そうすると自賠責保険の保険金が発生してくる。ここが我々医療機関には見えない部分なのですね。自賠責保険の健全な取扱いという点において物損事故の後に人身事故になった場合には必ず被害者である国民はまず医療機関にかかる、そして医学的な診断を受けて、そこで診断書を発行してもらうということが重要なことです。いきなり後遺症診断を書いてくれといわれても、我々もカルテがないわけですから書けないですし、国民を守ることもできない。国土交通省、あるいは自賠責を扱う金融庁もそうですが、縦割り行政を乗り越え、警察とも協力していただいて必ず人身事故になった時点においては医療機関にかかるように指導をしていただきたい。

O座長　そのような要望が出されましたが、いかがですか。

国交省G参事官　今のご意見につきましては、実態もよく踏まえながら、関係機関ともご相談して参りたいと思います。

日本医師会F委員は、物件事故扱事案で、医療機関で診療を受けずに医業類似行為（柔道整復師を指すものと思われる：筆者注）で施術を受け、施術証明書に基づき自賠責保険金が支払われているとの情報提供があったことを述べ、患者、国民を守る医療者の立場から、現状の問題を指摘している。

F委員の提起した問題は、本件問題点等とは論点が異なるが、検討すべき重要な課題である。

(8) ●第131回（2013（平成25）年1月9日）自賠審議事録、部分

本審議会において、本件問題点等についての論議がある

損保料率機構S委員　……警察統計におきましては、負傷者数が減少傾向であったのに対しまして、自賠責の事故率が増加傾向で推移いたしますのは、警察統計上の交通事故負傷

者数には反映されない、いわゆる物件事故における自賠責の支払いが、近年増加傾向となっておりまして、この影響が統計上の負傷者数の減少による影響を上回っているためでございます。

この点につきまして若干補足させていただきますと、人身事故扱いが行われないまま自賠責の支払いが行われた例といたしましては、当初ほとんど自覚症状がなく、事故後の念のため、あるいは軽度の症状による通院で治療が終了してしまうようなケースがございます。損保業界といたしましては、あくまでも人身事故の場合には警察に診断書を提出して人身事故の届けを行うのが原則であることについてご説明するという取り組みを進めておりますが、医師による診断書等により、十分に事故と受傷の因果関係が認められるにもかかわらず、人身事故届出を必須とするといった対応は形式的でもあり、手続的なご負担も配慮し、物件事故扱いのままでの保険金支払いも増えてきているといった事情がございます。

一方でこのような状況に対しましては、不正請求の混入につながるのではないか、あるいは医師への受診の遅れから症状の悪化、長期化を招いているケースがあるのではないかといった観点からのご懸念もあろうかと思います。

この点、実態といたしましては、物件証明書事故は少額事案が7割程度を占め、また検挙された詐欺事案においては、むしろ人身証明のものが9割以上とほとんどであり、不正請求の可能性は相対的に少ないと思われます。しかしながら、不正あるいは不適正な請求の可能性は完全には否定できないと考えておりますので、事故受傷の事実及び、治療との因果関係に関する一層の精査に加えまして、保険請求歴のデータを業界及び機構として連携して活用し、少額ながら事故多発者の疑義のある事案等について、不正請求者の抽出率を高めるなど、適正な支払いのための取り組みに、従来以上に努めていきたいと考えております。

また、一部1％に満たない割合であるものの、医師の診療未受診の請求事案もございます。被害者の方の受診できる距離、あるいは時間帯の制約といった事情も見られますが、こうしたケースに関しましても、妥当な診療に基づいた適正支払いへの一層のご理解、ご協力をいただくべく、フォロー強化を図ってまいりたいと存じております。

日本医師会F委員　……原則論として整形外科医ないし脳神経外科医、脳神経内科でもいいですが、頸椎捻挫に関しての症状固定にもっていく場合に、軽傷であっても初診から医療機関に必ず受診をさせるべきだと思います。……物損であって、数日後に頸椎の症状が出る場合があります。そういう場合でも、必ず医師の診断を受けるとともに、専門医である整形外科医ないしは脳神経外科、脳神経内科に受診をして治療を開始する。そのことによって症状固定もスムーズに行くし、必要であれば後遺症診断も受けられ、被害者である患者さんの損害をきちんと補填できると考えております。今後とも監督官庁からも警察に関しても、事故証明等を出す場合は医療機関を必ず受診するようにという指導をしていただきたいと思っております。……治療費に関しては、医療機関においては平均16万円で過去10年続いており、……医業類似行為等においては、療養費が32万円という平均値が出ておりまして、しっかり見直すべきではないかと考えております。自賠責保険における医療費と別に療養費のデータの情報公開をする時期に来ているのではないかと思います。……自賠責保険における健全なる支払保険金の適正化という点において、治療費が問題ではなくて、慰謝料・休業補償という、治療期間が長引くことによって支払保険金が減らないというのが実態ではないかと思います。将来的に医業類似行為の療養費のデータを公表していただくことと、長期間になる施術に関しても、医療機関の治療期間に関して、襟を正して必要以上の治療はする必要はありません。症状固定ないし治癒にもっていくことは、日本医師会としても、医療機関にも襟を正していただき、施術所も襟を正して、自賠責保険の適正なる活用をし、国民の大事な自賠責保険金を適切に確保していくことが大切ではないかと思っております。

損保料率機構S委員から、本件問題点等に関する説明がある。S委員は、統計負傷者数が減少傾向にあるのに対して自賠責の事故率が増加傾向にあるのは、物件事故扱事案の増加によるためであるとしている。物件事故扱事案がどれほどの割合かは示されていないが、第130回

（2012年1月31日）の自賠審で、損保料率機構S委員が全体の3割弱を占めていると説明しており、乖離率は拡大していることから、さらに増加していると考えられる。

S委員は物件事故扱事案の例として、「当初ほとんど自覚症状がなく、事故後の念のため、あるいは軽度の症状による通院で治療が終了してしまうようなケース」をあげている。しかし、この説明には疑問がある。

軽症で通院治療が終了することと、警察に人身事故届けをしないことに関係があるとは思えない。症状の程度にかかわらず、医療機関で受診したのであれば診断書を警察署に提出し人身事故扱いにできるはずである。

S委員は、人身事故届けを行うのが原則であることについて説明する取り組みを進めていると言うが、損保協会を通して保険会社に対し取組施策を推進しているとすれば、具体的にどのように進めているのであろうか。

また、S委員の説明には、疑問の箇所がある。「医師による診断書等により、十分に事故と受傷の因果関係が認められるにもかかわらず、人身事故届出を必須とするといった対応は形式的でもあり、手続的なご負担も配慮し、物件事故扱いのままでの保険金支払いも増えてきているといった事情がございます」という点である。

S委員の説明は、人身事故届出を必須とする対応は形式的で、事故と受傷の因果関係が診断書等から判断できる場合には、認定して差し支えない旨の意味と考えられる。

自賠責保険は損害賠償責任保険であり、被保険者（加害者）に賠償責任が存在することが支払いの前提となる。被保険者が負う損害賠償責任の範囲は、事故と相当因果関係が認められる損害である。損害発生の事実および内容は被害者が立証すべき事項と解されている。事故と傷害との相当因果関係については、客観的、他覚的な医学所見等によって証明されることが必要である。保険会社が、事故受付時に被保険者（加害者）に対して警察署への届け出を要請し、被害者に傷害がある場合には医療機関での受診を勧めるのは、事故対応の基本原則である。

「（対応は）形式的でもあり」の文言は、人身事故届けが不要であるかのような意味合いに捉えられてしまう恐れがある。事故証明書に代表される立証資料が不要であるとの考え方に立つと、事故証明書は物件事故証明書で足り、診断書は他の証明書で足り、売薬の領収書や被害者の自認書で損害認定ができることになるのではないか。

「手続的なご負担も配慮し」とあるが、加害者であれ被害者であれ、警察の事故取扱いに協力するのは、当事者としての義務である。説明には、法的処分を免れることを容認するような誤解を生じる可能性がある。

「物件証明書事故は少額事案が7割程度」とのことである。ということは、3割程度は少額事案ではないということである。少額事案がいくらまでをいうのかはわからないが、物件事故扱事案は、金額の多少が問題なのではなく、存在することが問題であると思う。

不正請求事案についても説明している。検挙された詐欺事件は、人身事故証明書がほとんど添付されていることから、物件事故扱事案における不正請求の可能性は低いとしている。この見解も疑問である。詐欺事件の人身事故証明書添付率と、物件事故扱事案における不正請求の可能性に相関性があるのだろうか。詐欺事件と人身事故証明書添付に相関性を認めるというのであれば、人身事故証明書添付事案には相当多数の不正請求があるということになるのではないだろうか。もちろん、そのような論に妥当性はない。詐欺事件の添付率は参考になるものではなく、比較するのであれば、人身事故証明書事案と物件事故扱事案における不正請求の状況を見るべきと思うが、そのようなデータは存在しないであろうし、全ての不正請求が確認されているとも思えないから、検証は不可能であると考える。

S委員の説明の中に、「一部1%に満たない割合であるものの、医師の診療未受診の請求事案もございます」とある。「1%に満たない」事案の件数、金額は不明だが、医師の診断のない事案が存在し、その事案に対して人身損害を認定して保険金が支払われているということである。これは、損害認定の根幹にかかわる問題として認識されるべき事項である。

日本医師会F委員からの意見は、本件問題点等の中核である人身事故の実態件数を論じているものではないが、件数乖離の要因である物件事故扱事案の存在が問題であるとし、強く改善を求めている。F委員は、医業類似行為の問題に論及している。これも自賠責保険における検討課題である。

S委員の説明およびF委員の意見に対して、他の委員から意見はない。

(9)●第132回(2013(平成25)年1月17日)自賠審議事録、部分

本審議会で、本件問題点等についての論議がある。健康保険の使用、医業類似行為、物件事故扱事案に関連する問題も論議されている。

日本医師会F委員　……今回の料率については特に異論はありませんが、ただ、今後について、将来的に、まだ残された課題が残っております。日本医師会として交通事故診療に係る保険使用に関する調査をしたときに、本来、自賠責保険で払うべき損害賠償の金が健康保険から払われているという問題、いわゆる健康保険を使用したときの求償が100%行われていないという問題が判明しております。……医業類似行為の施設に事故被害者が流れている場合に、健康保険を使っている場合があります。これに関しては、医業類似行為でどのくらいの額が自賠責保険で払われているのか、ないしは健康保険で払われている療養費のうち、本来、自賠責保険に求償すべき額がどの程度なのか明らかになっておりません。もし求償されていなければ、自賠責の料率に反映されてくるものですので、料率を上げざるを得なくなるという問題を抱えております。また、物損で軽症の場合に、医療機関に来なくて、医業類似行為の施設に行って、長期間施術を受けているという問題で、これもまだ解決されておりません。

金融庁K課長　……F委員から、健保の使用についてご発言がございました。交通事故の

被害者治療費については、原則自賠責保険の財源から支払われるべきということでございます。健康保険を被害者が利用する際には、保険会社のサポートのもとで、第三者行為手続漏れを防止するということが重要だと考えております。この点につきまして、損保協会におかれましても、手続の周知徹底を行うなどの対応策を検討しているというふうに聞いておりまして、私どもといたしましてもフォローしていきたいと考えております。

それからもう1点、物件事故証明等の事故の増加についてご発言がございました。ご指摘のとおり、物件証明による請求が増加傾向でございまして、損保協会あるいは料率機構におきまして、実態調査を実施されているところでございます。

いずれにしても、保険金の不正請求の防止対策というのが非常に重要だというふうに考えておりまして、ちょうど今、損保協会におかれまして、不正請求の防止対策の強化に取り組んでおられるところと承知しております。金融庁といたしましても、関係省庁と連携しながら、しっかりとフォローしていきたいと考えております。

日本医師会F委員から、交通事故診療における健康保険使用の問題と物件事故扱事案に関する意見が出され、金融庁K課長は、第三者行為手続漏れを防止することが重要と回答した。交通事故の治療において健康保険は使用可能であり、特に被害者に過失がある場合には、過失相殺による損害賠償額の減額の関係から、健康保険を使用することが得策である。K課長の回答は妥当と思われる。

K課長は、物件事故証明による請求が増加していることを認めている。損保協会あるいは損保料率機構において実態調査を実施しているというが、調査の結果はどのようなものなのであろうか。

K課長は、不正請求の防止策が重要であると回答しているが、F委員の今回の物件事故扱事案に関する意見は、医業類似行為の施設に長期間通うことによる問題を指摘するもので、不正請求の存否あるいは可能性について述べているわけではない。物件事故扱事案には、不正請求混入の問題もあるかも知れないが、趣旨は自賠責保険の適正化を要望するものである。物件事故扱事案の増加は、統計負傷者数と自賠責傷害件数との乖離拡大要因となるものである。

K課長は、F委員の意見に対して、不正請求防止の観点を主として回答したが、実態としての交通事故件数の相違については、どのように認識したのであろうか。

国交省のG参事官からは、一般会計の繰入金の繰り戻しの関係と運用益についての説明があったが、本件問題点等についての意見はなかった。

(10) ○平成25年度あり方懇議事録、部分。2013（平成25）年6月20日開催

本懇談会で、本件問題点等についての論議がある。

国交省M自動車局長　……交通事故の状況でございますが、もう既に皆さんご案内のように、平成24年の交通事故による死者数が４４１１名ということで、12年連続で前年を下回っております。また、事故件数についても、約66万５０００件ということで、着実に減少している状況にあると。これはこれで大変すばらしいことだと思いますが、しかし、いまだに多くの方が交通事故でなくなっているということと、かつ、年間約２０００人、重度後遺障害者がおられるということから、安全対策の強化は引き続きしっかりやっていく必要があるというふうに考えております。

O座長　先ほどM自動車局長からのご挨拶にもありましたとおり、交通事故の件数は減少傾向にあるといっても、我が国にとって依然として非常に大きな問題であるということは変わりません。

日本医師会F委員　……物損扱いになりながら実際人身事故になっているのが約3割程度あるという情報がありますので、物損事故に隠れている人身事故、おそらく軽傷だと思います。ほとんどが、90％が軽傷ですね。もちろん隠れている部分は、物損扱いしていますから、そのときは症状がない人が二、三日して、ないしは四、五日して症状が出てきたという場合があるわけですね。

そういう場合に医療機関に行く場合もありますけれども、医業類似行為に流れる場合があるわけです。そのときに半年から1年治療期間が長引くと、慰謝料が大きくなるというのが一つ。医療機関に来ないと、いわゆる症状固定にできないんですね。物損事故の人身に流れて、自賠責保険から保険金を払っている患者数、それから、総額をできれば調査していただきたいというのが、いわゆる保険金の適正化、支払いの適正化の中の重要なポイントではないでしょうか。

国交省G室長（**参事官**）　今日、さまざまご意見いただいておりますので、しっかりと受けとめて、しっかりと取り組んでまいりたいと思います。どうぞよろしくお願いをいたします。

H委員　私は、先ほどF先生がおっしゃった支払いの適正化について、もっと真剣に取り組む必要があるなと思っております。自賠審でも、以前のことですが、医療類似行為について非常に問題ではないかという指摘があって、調査を行ってくださったと思うのですが、その具体的な結果が全然見えてきていないというのがまだ残念です。

それともう一点、医療類似行為のほかには、詐欺的な請求が隠れて存在していて、かなり暗数としてはあるのではないか懸念するところがあります。と申しますのは、アメリカの各州の保険庁が開いている自動車保険のサイトなどを見ていますと、フォルスクレーム、詐欺的請求が問題視されており、アメリカの場合は保険庁の役人が逮捕権を持っていて、保険詐欺の容疑者を逮捕したりします。そういうのがホームページにどんどん出てきたりしておりまして、事故を仮想したり、あるいはわざと追突事故を起こさせて被害者を装い、この保険金を多額に請求するというような手口がかなり横行して、それがまたびしびしと摘発されているのが出ています。日本は全くそういうことがないとは思えないので、ぜひ支払の適正化に向けて、不正請求や詐欺的請求、そして医療費や医療類似行為等についての総合的な検討をどこかでしていただければと思います。

自賠責保険には物件事故扱いでの人身保険金支払いがあり、大きな問題であるとする意見や自賠責保険の適正化に関する有意な意見が出されている。

国交省M自動車局長は、平成24年の自動車事故の概況について、着実に減少している状況にあると説明している。交通事故統計による2012(平成24)年の死者数は、4438名、事故件数は66万5157件である。死者数が相違する事情は不明だが、事故件数が同様であることから、交通事故統計に基づく説明である。本件問題点等に関する認識は感じられない。

O座長も、交通事故の件数は減少傾向にあるが、わが国にとって依然として非常に大きな問題であるとし、M自動車局長と同様の認識である。

日本医師会F委員の「物損事故に隠れている人身事故」とは、まさに「隠れ人身事故」の存在を指すものである。物件事故扱事案が約3割程度あるというのは、第130回(2012年1月31日)の自賠審において、損保料率機構S委員が説明した数値と思われる。

F委員の発言は、交通事故統計に反映されていない「隠れ身事故」が自賠責保険に3割程度存在することを述べるもので、交通事故統計が実態と異なっているという意味になる。

F委員の意見は、物件事故扱事案が有する問題、医業類似行為、自賠責保険の適正化に関する提言で、いずれも有意である。

これに対し国交省G室長（参事官）は、「しっかりと受けとめて、しっかりと取り組んでまいりたい」と回答した。

H委員は、F委員の意見に賛成し、支払適正化に真剣に取り組むべきであること、自賠審でも医業類似行為について同様の問題指摘があったが、具体的結果が見えていないと述べた。また、支払の適正化に向けて、不正請求等、医療費や医療類似行為等についての総合的な検討を進めて欲しい旨を述べた。

(11)●第133回（2014（平成26）年1月29日）自賠審議事録、部分

本審議会で、本件問題点等についての論議がある。

損保料率機構A委員　……一番右の傷害の事故率をご説明させていただきたいと存じます。過年度の動向を見ていただきますと、2ページの先ほどの警察庁の統計による発生状況ですと減少傾向だったものが、この19年度から20年度については下がっているんですけれども、その後、増加傾向になっております。この理由ですけれども、交通事故が発生いたし

ますと、基本的には人身事故あるいは物件事故として警察に届け出がなされることになります。先ほど見ていただいた警察統計上の負傷者数は、このうち、人身事故として届け出られたものが集計されてございますけれども、これに対しまして、近年は物件事故として届け出られた事故において自賠責保険の支払いが行われるもの、これが増加傾向となっておりますことから、先ほどの交通事故統計とこの自賠の事故率との動向に差が生じてございます。

自賠において、今申し上げたようなケースの支払いが出てくる主な事例といたしましては、事故の当初はほとんど自覚症状がなかったので物件事故として警察には届け出をしたんだけれども、その後、念のために検査を受けられたとか、あるいは治療のために通院されたとかいったようなケースになってございます。

損保業界では、自賠責保険への請求に当たりましては、警察へ人身事故の届け出をしていただくのが原則だということをご説明するという取り組みをされておりますけれども、今申し上げましたような物件事故として届け出がされた事例におきましても、医師の診断をお受けいただいて、その診断書等によって、事故とそれから受傷との因果関係、これが認められる場合には保険金をお支払いするということをしてございますので、近年、そのような形で、若干この傷害の事故率において、警察統計とは違った傾向が出ているということでございます。

それを踏まえて、今回の検証に当たっての平成25、26事故年度の事故率でございますが、表にございますように、今申し上げたとおり、物件事故の証明書による支払いの増加傾向と警察統計上の負傷者数の減少傾向の影響をそれぞれ勘案いたしまして、事故率全体としては、24年度に比べ微増ですけれども、1・4424%、0・1%程度増えるものと予測をし、26年度につきましては、全体としての傾向は増加傾向が落ちつきを見せているということで、25年度と同率で推移をすると置いてございます。

日本医師会F委員　……まず初めに、柔道整復師のデータに関しては、自動車保険の概況にきちっとディスクロージャーしていただけるというお話でしたので、国民にとっても見える形になって、適正化にも一歩前進かなと思います。

それからあともう一つは、交通事故の中でも物損扱いで処理されていた多くの被害者が、現実には数日ないしは1週間程度たって、症状がなかったのに症状が出てきたということで医療機関や医業類似行為にかかっているという情報があります。そのことに関して、一番大事なことは、医師の診断書をきちっとつけた上で事故証明をとって、自賠責保険を支払っていただく必要があります。現実には医師の診断書なしに自賠責保険が払われているという実態がありますので、警察当局と連絡をとっていただいて、物損であっても、医療機関に後日かかる場合は、被害者に対して、医療機関において医師の診断書を提出するように指導することが必要です。交通事故証明をきちっと出すように周知徹底していただきたい。そうすることによりデータが更に正確になってくると思います。

……交通事故の中で車の安全性が非常に高まってきまして、非常に軽傷の患者さんが増えてきたというのが医療機関でも実感であります。それがどういうわけか、医療機関でも非常に治療期間が長引く傾向にあります。……

……データを見てみますと、医療機関の場合には治療期間が69日で実日数21日です。自動車保険の概況を見てみますと、治療期間が50日で実日数が15日です。ということは、医療機関では平均2カ月以内に治っている。軽傷の場合です。むち打ちを含めて打撲、捻挫に関して。柔道整復師の現況を見てみると、施術期間は全て100日以上になる。実日数は50日。もちろん、平均の請求額も医療機関より高いですが、現実に1枚目の紙を見てみると、医療機関が2600億円、柔道整復師は673億円で、件数を見てみますと、やはり医療機関が116万件で、柔道整復師の方が21万件。件数にしても医療機関のほうがもちろん5倍近く多いんですが、本来ならば医療機関が3000億円以上いくべきところがやはり柔道整復師の670億円というのはやや高い。……外来だけの柔道整復師の支払額が多い原因は、やはり治療期間が長いということが問題視されるわけです。それに慰謝料、休業補償が加わってくるために支払い保険金が比例して増えてくるということです。……患者さんたちを治療するときに非常に財政的な苦労されているのを肌で感じますので、ぜひこの自賠責保険の原資である資金をしっかり守っていただきたい。必要な医療機関にはきちっと払うべきですが、必要でないところはしっかり節約をしていただきたい。このデータを活用して、日本の車社会における自賠責保険制度という立派な制度をしっかり守っていただきたいと思います。

H委員　……F先生もおっしゃった柔道整復の現況につきましては、こういう形で細かい数値を出していただいて非常にありがたいと思います。この問題は、やはり医療関係者との話が非常に重要だと思いますから、もっとできたら細かい内容、例えばこの平均請求金額の具体的な内容について、もっとブレークダウンしたもの等が出てくれば、問題がどこにあるかというのがわかるのではないかと思いますので、できればこれについてもう少し具体的な内容について、請求金額の細かいブレークダウンであるとか実数等の問題についても、できれば調査していただきたいと思います。

損保料率機構A委員は、統計負傷者数と自賠責傷害件数に乖離があることを認め、その理由を「近年は物件事故として届け出られた事故において自賠責保険の支払いが行われるもの、これが増加傾向となっております」と述べている。

物件事故扱事案の主な理由として、事故当初はほとんど自覚症状がなかったのでとか、念のため検査を受けたためとか、通院したとかをあげるが、いずれも治療開始時点で診断書を警察に提出すればよいのであるから、理由とするのは疑問である。

Ａ委員は、「物件事故として届け出がされた事例におきましても、医師の診断をお受けいただいて、その診断書等によって、事故とそれから受傷との因果関係、これが認められる場合には保険金をお支払いする」と説明している。これは、自賠責保険の認定業務の実態を述べているものであるが、現状をどのように考えているのだろうか。「近年、そのような形で、若干この傷害の事故率において、警察統計とは違った傾向が出ている」とある。傷害の事故率（件数）の相違が「若干」なのであろうか。

日本医師会Ｆ委員は、柔道整復師の施術、物件事故扱事案の治療、自賠責保険の適正化等の問題について意見を述べている。Ｆ委員の意見は、本件問題点等と関連性を有するもので、物件事故扱いでの自賠責保険金支払は問題であるとし、人身事故届出の周知徹底を求めている。柔道整復師については、施術費（1件当たりの単価は、医療機関22万4138円、柔道整復師31万9048円となる）および施術期間からくる慰謝料、休業損害の問題を提起している。

Ｆ委員は、物件事故扱事案の場合に、事故から数日後ないし1週間程度経過してから受診するという情報がある旨を述べる。事故発生から間隔のあいた受診は因果関係認否の問題でもあるが、事故日から初診日までに期間があいているというデータがあるのだろうか。

Ｈ委員は、Ｆ委員の意見に賛意を示し、柔道整復師の問題について、「平均請求金額の具体的な内容について、もっとブレークダウンしたもの等が出てくれれば、問題がどこにあるかというのがわかるのではないか」と述べている。Ｈ委員のいうブレークダウンしたものとは、問題を詳細化、細分化する、あるいは問題点を明らかにするために分析したものという意味だろうか。

柔道整復師に関係する問題は、自賠責保険制度において、検討すべき課題であると認識されている。

(12) ○平成26年度あり方懇議事録。２０１４（平成26）年5月28日開催

本懇談会において、本件問題点等についての論議はない。

(13) ●第１３４回（２０１５（平成27）年1月28日）自賠審議事録、部分

本審議会において、本件問題点等についての論議がある。

損保料率機構H委員　……警察庁の統計による交通事故発生状況においては、負傷者数が減少傾向であったのに対しまして、自賠責の事故率は増加傾向で推移しております。ただし、近年その増加傾向に落ち着きが見られますことから、平成26年度以降の傷害事故率は25年度と同率で推移するものと予測しております。ここで交通事故負傷者数と自賠責の事故率とで動向に違いがあらわれる点についてご説明いたしますと、交通事故が発生した場合、基本的には人身事故、あるいは物件事故として警察に届出がなされることになりますが、このうち人身事故としての届出があったもののみが警察統計上の交通事故負傷者数として集計されております。これに対しまして、近年は物件事故として届け出られた事故において自賠責保険の支払いが行われるものが増加傾向となっていることから、交通事故負傷者数と自賠責の事故率とでは動向に違いが生じております。

日本医師会Ｉ委員　……物損事故として届けられたものの中に自賠責の支払いが行われるものが増加傾向にあるというコメントがあったと思います。その辺のところは、検証が必要な事案等がありましたら、ご一緒に検証できればと思っています。これはお願いです。

損保料率機構Ｈ委員から、統計負傷者数と自賠責傷害件数（説明の文言は「事故率」としているが、対比していることから自賠責傷害件数を意味するものと考える）の相違について説明がある。理由については、「人身事故としての届出があったもののみが警察統計上の交通事故負傷者数として集計されており」、「近年は物件事故として届け出られた事故において自賠責保険の支払いが行われるものが増加傾向となっていることから」相違が生じていると説明している。この説明は従来通りである。

日本医師会Ｉ委員から、検証が必要な事案等がある場合には一緒に検証したい旨の提案があった。しかし、この提案についての回答はない。Ｉ委員の提案は、趣旨としては理解できる。しかし、自賠責保険の損害調査は損保料率機構の業務として定立していること、自賠審の審議対象項目から考えて特定事項に関する基本方針等を検討することは可能かもしれないが、個別具体的な事案の評価は審議になじまないと考えられることから、実際は困難と思われる。

(14) ○平成27年度あり方懇議事録、部分。2015(平成27)年6月11日開催

本懇談会において本件問題点等についての論議はないが、交通安全政策に関する報告がある。

国交省T局長　自動車局長、Tでございます。……交通事故につきましては、平成26年の交通事故の死者数4113名と14年連続で前年を下回り、事故件数につきましても約57万3000件と着実に減少している状況にございます。

国交省K課長　……安全政策課長のKでございます。10ページ目以降、安全政策に関していくつか報告をさせていただきたいと思います。冒頭、局長の挨拶の中にもありましたが、私ども事業用自動車の事故の削減のために10年間のプランをつくって活動をしております。平成21年から30年までの10年間に平成20年を基準として死者数を半減する。事故件数を——事故件数というのは、これは人身事故件数ですけれども、人身事故件数を半減する。そして飲酒運転をゼロにするという3つの目標を立てて活動してきておりました。昨年度、平成25年、中間年の成績、状況をもとに一度反省と見直しをいたしまして、新しい対策をつけ加えました。中間の状況でありますが、人身事故件数については、4万2425件、

左の真ん中にデータがございますけれども、中間の目標であった4万3000件を割り込んでおりますので、まあまあ、順調に来ているのかなと。

一方で、死者数については434人ということで380人の中間目標を54人オーバーしておりまして、大きな課題があるといった状況でございます。

国交省T局長と国交省K課長の交通事故件数の説明は、いずれも統計死傷者数に基づくもので、自賠責死亡傷害計との乖離、交通事故の実態数値に関する認識はない。

(15)●第135回(2016(平成28)年1月21日)自賠審議事録、部分

本審議会において、本件問題点等についての論議がある。

損保料率機構H委員 ……自賠責の事故率は、過去、増加傾向で推移していましたが、平成25年度以降は物件事故として届出られた事故における自賠責保険の支払いの増加傾向が緩やかになっており、警察統計上の交通事故負傷者数と同様、減少傾向となっております。平成27年の交通事故負傷者数は、若干鈍くなっているものの、減少傾向が続いていることから、平成27年度以降緩やかに減少していくものと予測しております。……

日本医師会I委員 ……それから、我々の自動車事故診療の現場で、どんなことが議論されているか申し添えますと、物損にも関わらず、自賠責保険が支払われるケースが増えているのではないかという指摘が昨年に引き続き会員からあります。

その中身については、関係省庁、団体と事実確認しながら検討し、解決していくという機会をいただければと考えております。

この事案の問題点として、1つはその実態が医師の診断ないし診断書を経過したものかどうかということです。万が一、医師の診断や指導がなく自賠責の支払が行われているとすれば、交通事故被害者（患者）の健康、生命を守りたいと考えている我々の立場からすると、認めがたい事実であります。この問題は、いわゆるメディカル・コントロール（メディカル・チェック）がしっかり効いているかどうかということが重要であると考えます。メディカル・コントロール下になく、この統計上の数字になっているとすれば、それはいささか問題があって、今後、拡大するリスクを持っているというふうにも思います。これは医療だけではなくて、補償を含めた制度の運用の問題でございますので、またご相談させていただければというふうに考えております。


損保料率機構H委員の発言の通り、本審議会開催時点で確認できる２０１４（平成26）年の状況は、自賠責傷害件数１１６万５５７６で、対前年２万９０１５減少している。統計負傷者数は、71万１３７４で、対前年７万１１８減少している。たしかに自賠責傷害件数と統計負傷者数は、いずれも対前年減少している。

しかし、乖離の状況を見ると、自賠責傷害件数116万5576から統計負傷者数71万1374を差し引くと45万4202であり、乖離率は0・61である。前年の2013（平成25）年が0・65であるから、0・04ポイント拡大している。状況は、さらに悪化しているのである。

物件事故扱事案の問題は、自賠責傷害件数の増減ではなく、自賠責傷害事案に物件事故扱事案が存在し、その件数が増加していることである。

日本医師会I委員は、「物損にも関わらず、自賠責保険が支払われるケースが増えているのではないかという指摘が昨年に引き続き会員からあります」として、医師の診断がなく自賠責保険の支払いが行われているとすれば、認めがたい事実であると述べている。

I委員は、メディカル・コントロール（メディカル・チェック）が効いていないのではないか、医療だけではなく補償を含めた制度の運用の問題であると指摘しているが、重要な論点である。また、I委員は、現状の改善のために、関係省庁、団体と事実確認しながら検討し、解決することを提案している。

I委員の意見、提案に対して、損保料率機構委員あるいは他の委員からの意見はない。

(16) ○平成28年度あり方懇議事録、部分。2016（平成28）年5月31日開催

本懇談会において本件問題点等についての論議はないが、統計死者数と事故件数に関する論議がある。

国交省自動車局F局長　……交通事故につきましては、平成27年、死者数が4117名ということで、15年ぶりの増加ということになりました。人口が減少してきている中で増加に転じたということで、このことを関係省庁、大変重く受けとめているところでございます。より一層交通安全対策を図らなければいけないと思っているところでございます。

国交省M参事官　はい。結局交通事故は減少しているんですが、救急医療の発達なんかで、逆に重度の後遺症が残る方々が横ばい、微増したりという現状がございます。その分、そういう意味では、また別の意味で自賠責、それから、自動車保険の必要性というものが改めてクローズアップされているのではないかなと思います。

H委員　そうですね。これが毎年、毎年の数字であれば、いくら全体の交通事故の発生件数が近年は下り坂だということにしても、いざというときのための保険ということを考えたら、これが保険の根拠といいますか、存在意義そのものになるわけですから。

国交省自動車局長は、平成27年の交通事故統計死者数が増加したことを、大変重く受けとめていると述べている。ただ、死者数については触れているが、負傷者数についての論及はない。国交省M参事官は、「別の意味で自賠責、それから、自動車保険の必要性というものが改めてクローズアップされているのではないか」と述べていることから、自賠責保険、自動車保険との関係に意識があることはうかがえる。M参事官は、第135回自賠審（2016年1月21日開催）に出席している。自賠責保険における物件事故扱事案の問題、件数の乖離、実態件数について論及がないのは、問題として認識していないのか、問題として取り上げる意思がないのかは定かでない。

H委員も、「いくら全体の交通事故の発生件数が近年は下り坂だということにしても」と述べており、同様の認識である。

(17)●第136回（2017（平成29）年1月12日）自賠審議事録、部分

本審議会において、本件問題点等についての論議がある。

損保料率機構H委員　……傷害の事故率をご説明させていただきます。自賠責の事故率は、過去、増加傾向で推移していましたが、25年度以降は物件事故として届け出られた事故における自賠責保険の支払いの増加傾向が緩やかになっており、警察統計上の交通事故負傷者数と同様、減少傾向となっております。28年の交通事故負傷者数は減少傾向が続いていることから、28年度以降、緩やかに減少していくものと予測しております。

日本医師会M委員　先ほどのH委員の報告に関連しまして、昨年も要望させていただきま

したが、物件事故における自賠責保険の支払いが増加傾向にあるということを踏まえて、何らかの検証の場が必要であると考えておりますので、引き続き要望させていただきます。

もう1点ですが、自賠責保険における柔道整復施術費の適正化に関しまして、要望いたしますが、自賠責保険におきまして、柔道整復師の長期にわたる施術や、多くの部位への過剰な施術が行われる施術費用の傾向を踏まえまして、適正化を議論する時期にきているのではないかと考えております。

健康保険の療養費の分野では、柔道整復の多部位、長期、頻回請求などの不正な請求や、反社会的勢力と結託した療養費詐取事件などの現状を踏まえ、厚労省におきまして、柔道整復療養費検討専門委員会が設置されております。審査会の強化や施術費範囲の明確化など、具体的な適正化の方向が示されているところでございます。

この自賠責保険におきましても、交通事故被害者救済を第一目的とした保険制度でありますので、限られた財源で多くの被害者を手厚く救済するためにも、施術費の適正化の議論が別途必要であると考えております。どうぞよろしくお願いしたいと思います。

損保料率機構H委員は、「25年度以降は物件事故として届け出られた事故における自賠責保険の支払いの増加傾向が緩やかになっており」とし、結論として「28年度以降、緩やかに減少していくものと予測しております」と述べている。この説明は、前回第135回自賠審（20

16（平成28）年1月21日開催）と同じである。

本審議会開催時点で確認できる2015（平成27）年の状況は、自賠責傷害件数116万7648、統計負傷者数66万6023、乖離の状況は50万1625、乖離率0・57である。前年の傷害乖離率は0・61であるから、0・04ポイント拡大している。状況は、さらに悪化しているのである。

日本医師会M委員から物件事故扱事案について、検証が必要であり、何らかの方策を要望する意見が出された。しかし、この意見に対して回答はない。

M委員は、柔道整復施術費の適正化に関する要望として、議論が別途必要である旨を提案した。

(18) ●第137回（2017（平成29）年1月19日）自賠審議事録

本審議会において、本件問題点等についての論議はない。

(19) ○平成29年度あり方懇議事録、部分。2017（平成29）年5月30日開催

本懇談会において、本件問題点等についての論議はない。しかし、昨今の社会問題として注視されている高齢運転者の事故防止対策についての報告がある。

E課長　……技術政策課長のEより高齢運転者の事故防止に向けた国交省取り組みについて説明させていただきます。……

大変悲惨な事故が続けて発生しまして、社会問題となりました。このような状況を受けまして、昨年11月15日に「高齢運転者による交通事故防止対策に関する関係閣僚会議」が開催され、安倍総理から関係省庁に対しまして、高齢運転者による交通事故を防止するため、取り得る対策を早急に講じるように一丸となって取り組みなさいという指示が出されたところでございます。これを受けまして国土交通省では、経産省、内閣府、金融庁、そして警察庁と協力いたしまして、この先進安全技術である自動ブレーキなどの安全運転支援機能を備えた車、「安全運転サポート車」の普及啓発に関する副大臣等会議を開催したところでございます。構成員は左にございますけれども、当省からは末松副大臣が出席いたしまして、ほかの省庁についてはご覧のとおりでございます。これは1月に第1回が開催されまして、3月まで第3回が開催され、年度末に中間取りまとめが行われました。会議の位置づけは右のとおりでございますが、加藤内閣担当大臣を本部長とする交通対策本部にぶら下がる形で設置されたものでございます。

……この結果でございますけれども、この検討におきましては、まず高齢運転者の事故の発生状況について分析をいたしました。さらに各自動車メーカーに対しまして、現在の先進安全技術の開発・実用化の状況、今後どのような装置を搭載していくのかということについて、詳細なヒアリングをしたところでございます。

E課長は、関係省庁と協力して進めていること、「安全運転サポート車」の普及啓発に関することなどを報告した。

E課長の報告には、「まず高齢運転者の事故の発生状況について分析をいたしました」とある。この状況分析の基礎資料は、交通事故統計によるものと考えられる。交通事故統計は、人身事故として取り扱われた事故の統計であり、分析である。人身事故扱いとなっていない、自賠責保険が人身事故損害として認定し支払った物件事故扱事案（＝「隠れ人身事故」事案）は含まれていない。物件事故扱事案には当然、高齢運転者の事故も含まれているはずである。

高齢運転者の事故防止対策は、重要な課題である。対策を講じるための基礎数値および情報が交通事故統計からであり、自賠責保険請求における物件事故扱事案を含まない場合は、事故実態に照らした検討にはなり得ない。

交通事故統計の事故件数53万6899を基礎とした分析によって、約100万件以上はあると思われる実態上の交通事故における、高齢運転者の事故防止対策を的確に講じるのは困難なのではないか。

(20)●第138回（2018（平成30）年1月24日）自賠審議事録、部分

本審議会において、本件問題点等についての論議がある。

損保料率機構H委員　……表の右端が傷害の事故率でございます。こちらは、25年度から28年度にかけて緩やかな減少傾向で推移していましたが、28年度にわずかに増加に転じております。傷害の事故率に関しては、これまでも人身事故証明に基づく支払件数は減少傾向にあるものの、人身事故証明以外での支払件数は増加傾向にございました。ただし、28年度には、この影響で全体の事故率が増加に転じるというこれまでになかった状況となっております。このため、こうした動向が今後も継続するのかを見きわめるため、今年度は28年度以降同率での予測としております。

日本医師会I委員　……2つございまして、まず第1が、物件事故における自賠責の支払いについてでございます。最初に、警察統計に関連するものですが、当審議会の審議対象事項かどうか大変恐縮ですが、交通事故発生数は減少傾向にある一方で、警察統計には含まれない物件事故扱いでの自賠責保険の支払いが微増傾向にあると見られることを踏まえ、昨年に引き続き発言をさせていただきます。物件事故扱いの場合、軽症であることが一般的だと思いますが、警察に対して医師の診断書の提出がなく、詐欺や不正請求などが紛れ込み、自賠責保険から多額の保険金が支払われることになり、保険契約者の正当な利益を

害する結果になっていないか当審議会において検証が必要であると考えております。

なお、これは自賠責保険の問題ではありませんが、何らかの処分が必要な事故に遭っても、安易に物件事故として処理された結果、不公平感を生むことにつながる問題ではないかと考えております。

それから、続きましてもう一件よろしいでしょうか。自賠責保険における柔道整復施術費の適正化についてでございます。柔道整復師の長期間にわたる施術や過剰な施術が行われている傾向を踏まえ、自賠責保険における適正化が必要であると考えております。健康保険の療養費の分野では、柔道整復の多部位、長期、頻回請求などの不正請求や反社会的勢力と結託した療養費詐欺事件、窃取事件などの現状を踏まえて、柔道整復療養費検討専門委員会が設置されており、審査会の強化や施術範囲の明確化などにより、具体的な適正化の方向が示されているところであります。自賠責保険は、交通事故被害者救済を第一とした保険制度であり、限られた財源で多くの被害者を手厚く救済する必要がありますので、施術費の検証及び適正化の議論が早急に必要であると考えます。


損保料率機構H委員は、事故率の推移と傾向を説明している。自賠責保険支払件数に占める物件事故扱事案の割合については、「人身事故証明に基づく支払件数は減少傾向にあるものの、人身事故証明以外での支払件数は増加傾向」と述べている。交通事故証明書添付事案件数の減少と、相対的に物件事故扱事案件数の増加を認めている。ただし、割合は示していない。

日本医師会I委員は、2つの問題点をあげて意見を述べている。第1が物件事故扱事案について、第2が柔道整復施術費の適正化についてである。

意見の大意、大要は、次のとおりである。

【第1の問題点――物件事故扱事案】

①医師の診断書の提出がない場合は、詐欺や不正請求などが紛れ込む恐れがある。自賠責保険から多額の保険金が支払われることになり、保険契約者の正当な利益を害する結果になっていないか当審議会において検証が必要である。

②何らかの処分が必要な事故に遭っても、安易に物件事故として処理された結果、不公平感を生むことにつながる問題ではないかと考えている（物件事故として処理されることにより、刑事処分、行政処分を免れることの意と思われる：筆者注）。

【第2の問題点――柔道整復施術費の適正化】

①柔道整復師の長期間にわたる施術や過剰な施術が行われている傾向を踏まえ、自賠責保険における適正化が必要である。

②健康保険の療養費の分野では、柔道整復の多部位、長期、頻回請求などの不正請求や反社会的勢力と結託した療養費詐欺事件、窃取事件などの現状を踏まえて、柔道整復療養費検討専門委員会が設置されており、審査会の強化や施術範囲の明確化などにより、具体的な適正化

の方向が示されている。
③自賠責保険は、交通事故被害者救済を第一とした保険制度であり、限られた財源で多くの被害者を手厚く救済する必要がある。施術費の検証および適正化の議論が早急に必要である。

I委員の意見は、自賠責保険の問題点を指摘するもので、いずれも重要課題として検討すべきものである。

I委員の意見に対して、損保料率機構委員および他の委員からの意見はない。

(21) ○平成30年度あり方懇議事録、部分。2018(平成30)年6月7日開催

本懇談会において、本件問題点等についての論議はない。しかし、関係性を有する問題についての論議がある。

国交省K参事官 ……交通事故による平成29年中の死者数については3694人で、昭和23年の警察庁の統計を取り始めて以来一番低い数字になってきています。交通事故の死者については、順調に減少している様子がうかがえます。また、交通事故全体についても減少傾向にあることが見てとれるところでございます。

国交省E課長 ……高齢運転者の事故が最近増えてきています。また、右のボード欄にあるとおり、75歳以上とそれ未満で比べますと、免許人口10万人当たりの死亡事故発生率が高齢者では2倍を超えている大変厳しい状況となっております。……このようなことを受けまして、一昨年11月に安倍総理から車両の安全対策に関して検討しなさいという指示がありました。それを受けまして、国交省、経産省、警察庁、金融庁の4省庁で関係具体策会議を構成いたしました。車両の先進安全技術、最近普及が始まっておりますが、それに着眼した高齢運転者事故防止対策に関して検討することになったわけでございます。

……この高齢運転者事故防止対策に関しましては、現在警察庁で運転免許制度のあり方検討会を開いております。……私は警察庁と連携してよく相談しております。

国交省K参事官は、交通事故統計に基づく事故減少の認識を示している。

国交省E課長は、昨今社会問題として注視されている高齢運転者の問題について、75歳以上とそれ未満で比べると、免許人口10万人当たりの死亡事故発生率が高齢者では2倍を超えている状況にあると報告している。高齢運転者の問題は、対策を講じるべき喫緊の課題といえる。

死亡事故については、交通事故統計に基づく分析は妥当と考えるが、傷害事案については、前年の平成29年度あり方懇（２０１７年5月30日開催）の審議内容について述べたとおり、統計負傷者数は実態を反映していないと考えられることから、統計負傷者数および事故状況に基づく分析と対策は、限定的な評価にとどまらざるを得ず、十分な信頼性の確保という観点からは問題があると思う。

E課長は、国交省、経産省、警察庁、金融庁の4省庁で関係具体策会議を構成し、対策を進めていると説明している。交通事故対策は広範にわたるものであるから、各省庁の連携と協力は不可欠であり、鋭意進めてもらいたいと思う。「警察庁と連携してよく相談しております」とある。交通事故件数の実態については、どのような認識を共有しているのであろうか。

(22)●第139回(2019(平成31)年1月16日)自賠審議事録、部分

本審議会において、本件問題点等についての論議がある。

損保料率機構E委員　……発生件数ですけれども、こちらを見ていただきますと、平成16年がピークとなり以後、対前年増減率、△が並んでおり、減少傾向にあるということでございます。……負傷者数ですけれども、こちらも平成17年以降、△が続いているということです。……傷害事故率ですけれども、こちらはゼロ%ということで、横ばいで見ております。……傷害でございますけれども、こちらも平成25年度から減っているんですが、平成28年度に1回だけ大変わずかでございますけれども増えておりますので、増減の傾向がやや不安定というふうに見ておりまして、これが傷害の事故率を横ばいとして見るということの根拠でございます。

日本医師会N委員　日本医師会のNでございます。私は整形外科医といたしまして長年交通事故の負傷者の治療にも携わっておりました。その観点で、ちょっと大きな視点から調査、分析、対応について要望を4点ほど述べさせていただきます。

まず、柔道整復の施術に関してでございますけれども、一般的には交通事故による負傷者の重症度というのは、医療機関のほうが柔道整復よりも重症であることが多いというふうに考えられます。ところが、損害保険料率算出機構の2017年度自動車保険の概況の資料によりますと、この治療にかかる期間ですけれども、医療機関の平均診療期間が68・7日に対しまして、柔道整復は106・4日と、大幅に長くなっております。その影響か、1件当たりの平均費用の金額も、医療機関が約24万3000円に対しまして、柔道整復は約28万3000円と、4万円高くなっております。

交通事故負傷者のできるだけ早期の回復、これを目指すという観点からも、柔道整復のほうが長期化している、あるいは、高額化しているということの要因をきちんと調査、分析していただいて、適正な対策を講じると。そして、その内容をぜひ来年度報告していただくということをまず要望いたします。

次に、2点目でございます。社会保険の利用率でございますが、これも同資料によりますと、年間約11・4%が利用されておりますが、この社会保険の利用というのはこの自賠責の運用に関して大きな影響がございますので、この11・4%に関しまして、本来交通事故では自賠責を使うのが原則でございますので、なぜ社会保険が利用されているのか、その背景、理由につきましてきちんと調査、分析をしていただきたい。自賠責を使ったほうがふさわしいというようなものが含まれていないかどうか、もしそういうものがあるようであれば適正な対応をすべきと思います。この点についても来年度の報告を要望いたします。

3つ目でございますけれども、物件事故における自賠責の支払いです。警察庁交通局の交通事故による負傷者の数値と、先ほどご紹介した損保料率算出機構の人身事故のデータを比較しますと、平成20年度から比べますと、その後年々大幅に物件事故扱いで支払われているというのが増えていて、28年度では約半数に近いんではないかと推測されます。本来は負傷があれば警察に対して医師の診断書を提出し、きちんと人身事故として扱うというのが本筋かと思います。人身事故か物件事故かによりまして警察の対応が変わってくるということがありますので、社会的な公平性、公正性という点から考えましても、このように年々大幅に物件扱いでありながら支払われているというものが増えているのは問題かと思います。

この点に関しまして、自賠責が人身事故証明書がなくても支払うという制度になっているものが悪影響を及ぼしているという可能性がございますので、人身証明がなくても支払っているということの内容に関しまして、やはりきちんと調査、分析をしていただき、そういうような社会的な不公平性を助長しないような適正な対応をとるべきではないかというふうに思いますので、この調査、分析に関しても来年度の報告を要望いたします。

損保料率機構E委員　4点をいただきまして、最初が柔道整復師でございまして、ご指摘は治療あるいは施術に要する期間、こちらが医療機関の平均ですと68日に対して、柔道整復師によれば105日ということでございました。いずれにつきましても、3年連続で引き下がっている傾向値にはあることは申し添えておきたいと思います。それから、ご要望について、来年度ご報告ということにつきましては、その方向で考えたいと思います。

それから、柔道整復師というのは手術をするわけではありませんし、注射もいたしませんので、若干軽い、いわゆる重い軽いで言うと、先程ご指摘ありましたように、軽い部分に対して即効性のある治療ではなく、施術をやっているということはあると思います。お答えできるようなデータがあればそれを努力してとっていきたいと思います。

それから、2番目が社会保険でございましたですけれども、これは社会保険を、健康保険等々を使う使わないという判断は、被害者、患者さんのご判断でもありますので、これにつきまして、健康保険を使わない理由、使う理由というあたりにどこまでアプローチできるかはちょっと今わからない部分がありますけれども、ご要望に沿って検討はいたしたいと思います。

それから、３つ目は物件事故でございました。物件事故につきましては、データがいろいろあるんですけれども、自賠責保険全体の支払件数における物件事故証明による支払いというのは、ご指摘のとおり50％程度ございます。ただし、保険金の額を比べますと、人身事故証明によるものというのは５６００億円程度、それに対して、物件事故証明によるお支払いというのは全部足し合わせても２４００億円程度と、こういったような数字がございます。

いずれにしても、物件事故証明だけで自賠責保険がお支払いされているわけではなく、医師による診断書によって事故との相当因果関係が確認されており、なおかつ、必要かつ妥当な費用と認められた場合には、これはお支払いしないというわけにいきませんので、一律に物件事故だからお支払いしないという対応にはなっておりません。これにつきましては、業界、共済もそうですし、当機構としても同じような観点で調査、点検はしておるところでございます。

損保協会Ｉ委員　……貴重なご意見ありがとうございます。業界としても真摯に対応してまいりますけれども、柔道整復師に関しましては、１件１件必要かつ妥当な実費の範囲内かどうかというのを個別判断して保険金をお支払いしております。その際、医療機関への受診も促しながら、個別事案ごとに確認して、必要に応じて診断医に意見を求めるというような方向で適正な支払いに努めてまいりたいというふうに思っております。

次に、健康保険の使用につきましても、最終的には治療内容のほか、過失割合であるとか、損害総額の多寡を踏まえて、あくまで被保険者、いわゆる被害者のご判断によるものというふうに考えておりますが、この考えにつきましても、業界現場担当者に対して研修などのときに随時そういう考え方も織り込みながら、注意喚起を図ってまいりたいというふうに思っております。

人損、物損事故の届出の実情でありますとか、算定基準制度の普及状況なども踏まえながら、今後も医療費の適正化も含めて適正な支払いに努めてまいりたいというふうに思っている次第でございます。

日本医師会N委員　基本的には被害者、負傷者のより早期の回復を目指すと、よりよい回復を目指すという意味で、長期化しそうであればできるだけ早く医療機関の受診をしていただく。あるいは、整形外科の現場の感覚としては、社会保険、健康保険の利用が本当にその被害者本人だけの考えか、そこに何らかの考えが及んでいないかというようなこともございますので、現場できちんと教育、研修を徹底していただきたいというふうに思います。

そのほか、先ほど述べた物件事故とか、自賠責の基準に関しては、きちんときめ細かく調査、分析をして、それに応じてやはりきめ細かい対応というのをぜひお願いしたいと思います。

損保料率機構E委員は、事故率の傾向と料率策定の根拠を説明している。自賠責保険支払件数における物件事故扱事案の理由等についての説明はない。

日本医師会N委員から、①柔道整復の施術、②社会保険の利用、③物件事故扱いにおける自賠責保険の支払い、④物件事故扱事案に関する調査、分析と、4点の要望が出された。

N委員からの要望に対して、損保料率機構E委員は次のように回答した。

①柔道整復師の施術期間については、3年連続で引き下がっている傾向値にはある。来年度報告の要望については、その方向で考えたいと思う。

②健康保険を使わない理由、使う理由についてどこまでアプローチできるかはわからないが、要望に沿って検討はしたいと思う。

③自賠責保険全体の支払件数における物件事故証明による支払いというのは、ご指摘のとおり50%程度ある。ただし、保険金の額を比べると、人身事故証明によるものは5600億円程度、それに対して、物件事故証明による支払いは全部足し合わせても2400億円程度という数字がある。

④物件事故証明だけで自賠責保険が支払われているわけではなく、医師の診断書によって事故との相当因果関係が確認され、必要かつ妥当な費用と認められた場合には、一律に物件事故だから支払わないという対応にはなっていない。これについては、業界、共済もそうである

し、当機構としても同じような観点で調査、点検はしているところである。

N委員の要望に対するE委員の回答のうち、③と④の回答には疑問がある。

E委員は、自賠責保険支払件数における物件事故証明による支払件数が約50％程度あることを認めた。自賠責保険支払件数に占める物件事故扱事案の割合については、第130回（2012年1月31日）の自賠審で、損保料率機構S委員が全体の3割弱を占めていると説明している。そこから7年を経過した本審議会の時点で、自賠責保険請求の約5割の事案に交通事故証明書が添付されていない現状が示されたものである。7年の間に物件事故扱事案の件数、割合は増加を続けていたということである。

E委員は、人身事故証明によるものは5600億円程度、物件事故証明による支払いは全部足し合わせても2400億円程度と述べている。文言から感じられる意味合いは、「物件事故扱事案の保険金額は比較的少ない」ということである。保険金の内容が不明のため即断はできないが、2400億円は少ない金額なのだろうか。5600億円と2400億円を比較する意味はないし、そもそも、保険金額が少なければ、物件事故証明書による支払いが問題にならないということに妥当性はないと思う。

E委員は、医師の診断書により相当因果関係が確認された場合には支払わないわけにはいかない旨を述べている。

自賠責保険は損害賠償責任保険である。損害発生の事実と当該事故によって傷害を負った事実の立証責任は、被害者にある。この点については前述したので詳論は控えるが、「物件事故扱事案でも医師の診断書により因果関係が確認されれば自賠責保険金が支払われるのはやむを得ないとする見解」には、違和感を覚える。

E委員は、「医師による診断書によって事故との相当因果関係が確認され……、これはお支払いしないというわけにいきません」と述べ、医師の診断書による因果関係の確認を保険金支払の根拠としている。この論に則れば、医師の診断書のない事案は因果関係の確認ができないことから、保険金は支払われないことになる。

第131回（2013年1月9日）の自賠審において、損保料率機構S委員は、「一部1％に満たない割合であるものの、医師の診療未受診の請求事案もございます」と、医師の診断書のない事案について支払いを行っている事実を認めている。E委員の説明は、論理的に矛盾すると思われ、整合性を認めることはできない。

損保協会I委員が補足の説明を行った。大要は、次のとおりである。

①柔道整復師に関しては、1件1件必要かつ妥当な実費の範囲内かどうかを個別判断して保険金を支払っている。その際、医療機関への受診も促しながら個別事案ごとに確認し、必要に応じて診断医に意見を求める方向で適正な支払いに努めていきたいと思っている。

②健康保険の使用については、治療内容のほか、過失割合、損害総額の多寡を踏まえて、あく

まで被保険者いわゆる被害者の判断によるものとの考え方も織り込みながら、業界現場担当者に対し、研修などのときに注意喚起を図っていきたいと思っている。

③人損、物損事故の届出の実情や算定基準制度の普及状況なども踏まえながら、今後も医療費の適正化も含めて適正な支払いに努めていきたいと思っている。

I委員の説明で疑問が2点ある。1点目は、①の説明の前段で柔道整復師に関しては個別判断して保険金を支払っているとし、その際に医療機関への受診も促すとしている。前段は支払った事案についての説明であり、支払時の対応として理解できる。後段では、「必要に応じて診断医に意見を求めるというような方向で適正な支払いに努めてまいりたいというふうに思っております」と述べている。診断医が当該事案の医師であるのか保険会社委嘱の医師であるのかは定かでないが、実際に診断医に意見を求めて、その見解を参考として判断し支払ったものか判然としない。文意としては、検討の方向性を説明しているように読める。まだ実施はしていないが、そのような方法で適正支払に努めたいとの意思表示と思える。前段が支払済事案についての説明で、後段でその補足説明をするならば、事案をどのように検討し、認定したのか理由を述べるべきであると思う。

2点目は、③の説明である。ここでI委員は、方策は何も示していない。必要なのは具体的対策の検討と提案である。

日本医師会N委員は、補足的に意見を述べた。大要は次のとおりである。
①被害者、負傷者の早期回復とよりよい回復を目指し、長期化しそうであればできるだけ早く医療機関の受診をしていただきたい。
②社会保険、健康保険の利用が被害者本人の考えか、何らかの考えが及んでいないかというようなことあるので、現場できちんと教育、研修を徹底していただきたい。
③物件事故扱いの支払いや自賠責の基準に関しては、きめ細かく調査、分析をして、それに応じてきめ細かい対応をぜひお願いしたい。

(23) ○令和元年度あり方懇議事録、部分。2019(令和元)年6月30日開催

本懇談会において、本件問題点等に関する論議はない。しかし、交通事故発生状況と政府の交通安全対策についての報告がある。

国交省K参事官　……平成30年中の死者数は3532人ということで、戦後の最低の数字となってきております。交通事故発生件数、負傷者数についても14年連続で減少といった状況になってきているところでございます。……

一方、左下でございますが、75歳以上の免許保有者10万人当たりの死亡事故件数ということで見れば、平成30年で8・2件ということになっておりまして、著しく増えているということではございませんけれども、他の年齢層と比較してもやや高い状況にあるということが言えるところでございます。また、右の死亡事故の人的要因については、操作不適の割合が非常に高いということであります。

こうした状況につきまして、政府では今、昨今の事故状況を踏まえた交通安全対策に関する閣僚会議を開いて、政府全体、各省庁連携してさまざまな対策を立てつつあるという状況でございますが、後ほど技術政策課から自動車局での対応についても説明があることとなっております。

国交省K参事官は、交通事故統計に基づく把握と認識を示している。高齢者の事故については、操作不適の割合が非常に高いと報告している。政府の交通安全対策については、閣僚会議を開いて、政府全体、各省庁連携してさまざまな対策を立てつつあるという状況であると説明している。

(24)●第140回（令和2年1月16日）自賠審議事録、部分

本審議会において、本件問題点等についての論議がある。

（損保料率機構E委員および金融庁Y課長より料率検証作業の概要と補足説明あり）

F会長　……それでは、ただいまの料率検証結果の報告と補足説明に関しまして、ご質問、ご意見はございますか。N委員、どうぞ。

日本医師会N委員　……負傷者数に関して、2ページ目、警察庁の資料を見ますと、平成15年度の118（万人：筆者）をピークに以後、年々大幅に減少し、平成30年だと52万と半減しているように一見見えます。ところが、5ページ目の自賠責の支払件数を見ていただくと、一番右はじの「傷害」のところ、支払件数が平成23年、118万で、令和元年、104万と微減に過ぎません。つまり、実際の支払っている傷害者が100万人を超えているのだけれども、警察庁の統計はその半分しか把握できていないという実態です。

その理由としては、警察庁の統計が人身事故による負傷者数をカウントしている。一方、自賠責は、人身事故ではなく物件事故扱いであっても支払いの対象としているということで、この物件事故扱いでの支払いが毎年どんどん増えているために、この大きな乖離が起こってしまっているというのが現状です。したがいまして、これが国の統計として、負傷者が半減していると捉えてしまうと、交通行政を行う上で現実との乖離が起こってしまう可能性があるということ。これを考えますと、国がきちんと負傷者数を捉えられるような工夫が必要だろうと思います。負傷があれば、全て物件ではなく人身事故として扱うのが理想かと思いますが、もしその辺で何か現場でハードルがあるということであれば、そのハードルを下げる工夫を行うことで、国が負傷者数を正しく捉える、半分しか捉えられないという状況は避けるべきだと思います。

それから、人身事故と物件事故では行政処分が変わってしまうという、同じけがを負いながら行政処分が変わってしまうという不公平もありますので、ここのところはきちんと考えるべきだと思っております。その工夫を始めるべきだと提案いたします。

2番目に、現在、自賠責の支払いの限度額が120万円になっておりますが、これが数十年間変わっておりません。……120万円という限度額が果たして妥当なのかという検討は行うべきではないかと提案いたします。……3つ目ですけれども、自賠責の医療費の計算を行う場合に、新基準というものが47都道府県全てで採用されたということで、この制度化について検討を始めるべきだと提案いたします。

……被害者のできるだけ早期の回復を目指す、あるいは、医療費も抑制を目指すという意味では、柔道整復で行う場合の療養期間が長期化している。あるいは、金額が高額化しているという傾向が見られたために、それに対する対策をお願いしたところですけれども、その後何か経過がわかりましたら教えていただければと思います。

もう一点、社会保険の利用が11%あるということで、昨年度もこの問題に関する対策をお願いしたところですけれども、その後の経過がありましたら教えていただければ幸いです。……

F会長　……計5点のご質問があったかと思うのですが、……まず、4つはおそらく損保協会様に関係すると思うので、〇委員から回答をお願いいただけますか。

損保協会〇委員　……まず、1つ目でございますが、物件事故の取扱いについてのご指摘を頂戴したところでございます。現在、私どもの保険金の支払いの実務といたしましては、物件事故でのお支払いをしているところも事実でございまして、たとえ物件事故での事故証明が出てきた場合でございましても、その受傷と治療についての因果関係がはっきりしている場合につきましては、その範囲において被害者救済も含めまして保険金のお支払いをしているというのが今のところの手続きでございます。一件一件をしっかり調査することで、適切な支払いをすることを行わせていただいているところでございます。加えまして、物件事故での事故届が出されているところについて、多くのケースにつきましては、当初それほどの症状はなかったのだけれども、念のため受診をしたとか、治療が早期に終わってしまった等の理由があるといったところも確認をし、問題がない限りにおきましては保険金の支払いをしているということでございます。今後につきましては、人身事故の届出についての私どもとしてのお客様への確認等は続けていく中で、より適切な支払いを続けてまいりたいと考えているところでございます。

あと、早期の回復に向けた柔道整復師の施術についてのご指摘であったかと思いますが、これも被害者の方が早期に社会復帰をされる、回復をされるということは私ども損害保険会社としても望んでいることでございまして、そのための柔道整復師の施術についての保険金支払いにつきましては、それぞれ治療費が妥当であるのかというところについてしっかりと一件一件確認を取りながら、支払いに努めているところでございます。必要に応じまして、被害者の方にその治療の中身を確認させていただくとか、あるいは医療機関に対して施術の有効性も確認をさせていただきながら、適切な支払いに努めているということでございますので、今後につきましても引き続き適切な支払いを進めてまいりたいと考えているところでございます。

それと、社会保険の適用に関するご指摘だったかと思いますが、この点につきましては、あくまでも被保険者、被害者の方の判断に基づいて社会保険の適用がなされているというのが私どもの考え方、立場でございます。従前、ご指摘をいただいたところも踏まえまして、現場への教育等も徹底しているところでありますので、社会保険の適用につきましては、被害者の方の適切な判断がなされるような手続きをしっかりと努めてまいりたいと考えているところでございます。以上で一旦お答えさせていただければと思います。

F会長 では、E参事官、よろしくお願いします。

国交省E参事官 ……委員ご指摘のとおり、社会経済情勢の変化を踏まえて、今後、見直しが必要になる場面も当然あるものだろうとは考えております。……引き続きしっかりと情報交換をしながら、そういったタイミングを見極めてまいりたいと考えております。

F会長 ……N委員、これでよろしいでしょうか。

日本医師会N委員　人身と物件の扱いに関しましては、例えば、警察庁などともご相談して、できるだけ実態がきちんと国として把握できる方向に向かっていければと考えております。

それから、早期回復を目指すための柔道整復あるいは社会保険の利用に関しては、引き続き、ぜひ検討していただければと思っております。また来年質問させていただこうと思っております。

損保料率機構E委員は、事故率の傾向と料率策定の根拠を説明した。自賠責保険支払件数に占める物件事故扱事案の割合や理由等についての説明はない。

日本医師会N委員から、5点の意見が出された。要旨は次のとおりである。

①損保料率機構の支払件数と交通事故統計の数値に相違がある。警察への届け出が人身事故と物件事故とでは処分が違う。物件事故扱いでの保険金支払いは、社会的公平性、公正性の観点から問題と思う。

②自賠責保険の傷害限度額は120万円でこの金額は長年変わっていないが、限度額の妥当性を検討してもよいのではないか。

③診療報酬基準案を制度化してもよいのではないか。

④被害者の早期回復、医療費抑制の観点から、柔道整復師に関する問題についての対策をうか

がいたい。

⑤社会保険利用率が11%であるが、その後の対策をうかがいたい（交通事故診療は自賠責保険が担うのが原則である旨の主張と思われる）。

損保協会O委員と国交省E参事官から回答があった。損保料率機構E委員からの発言はない。

①物件事故扱いで保険金を支払っているという実態はある。実務において、1件ごとに事故と傷害の事実について、医療機関に確認するなどして認定している（O委員）。

②自賠責保険金額については、社会情勢、経済情勢などを見ながら考えていきたい（E参事官）。

③診療報酬基準案の制度化について、委員から具体的回答はない。

④柔道整復師の施術については、費用の妥当性について精査の上、対応している。今後も適切な支払いを進めていく（O委員）。

⑤社会保険の適用については、被害者の適切な判断がなされるような手続きをしっかりと努めていきたいと考えている（O委員）。

N委員から、交通統計と自賠責保険支払件数の問題については、警察庁とも連携して検討してもらいたい旨の追加意見があった。

N委員は、交通事故統計が実状の交通事故件数とはいえず、実態を反映していないとして問

郵 便 は が き

料金受取人払郵便

神田局
承認

5723

差出有効期間
2021年12月
31日まで

101－8791

507

東京都千代田区西神田
2-5-11出版輸送ビル2F

㈱ 花 伝 社 行

ふりがな お名前 お電話
ご住所（〒　　　　　　　） （送り先）

◎新しい読者をご紹介ください。

ふりがな お名前 お電話
ご住所（〒　　　　　　　） （送り先）

愛読者カード

このたびは小社の本をお買い上げ頂き、ありがとうございます。今後の企画の参考とさせて頂きますのでお手数ですが、ご記入の上お送り下さい。

書 名

本書についてのご感想をお聞かせ下さい。また、今後の出版物についてのご意見などを、お寄せ下さい。

◎購読注文書◎

ご注文日　　年　　月　　日

書　　名	冊　数

代金は本の発送の際、振替用紙を同封いたしますので、それでお支払い下さい。
（2冊以上送料無料）

なおご注文は　FAX　03-3239-8272　または
メール　info@kadensha.net
でも受け付けております。

題点を示す意見を述べている。この意見は、筆者と認識を一にするものである。

交通事故の実態件数に関しては、まず警察庁が検討すべき問題であるが、本審議会には出席していないため、損保協会委員が回答している。その回答内容は、実務の取扱いを説明するにとどまり、原因や解決策の根本に至るものではない。しかし、損保協会および損保料率機構は、事故取扱いに直接かかわる機関ではないから、具体的回答にならないのはやむを得ないであろう。

交通事故統計と自賠責保険支払件数の乖離の問題について、N委員以外の委員から発言はない。

(25) ●第141回（2020（令和2）年1月22日）自賠審議事

本審議会において、本件問題点等についての論議はない。

(26) ○令和2年度あり方懇議事。2020（令和2）年6月25日開催

本懇談会において、本件問題点等に関する論議はない

3 問題点についての論議の大要

審議内容の確認を始めた2010（平成22）年以降で、本件問題点等の論議があるのは、第130回（2012年1月31日）自賠審からである。

自賠審およびあり方懇において論議された各問題点の大要は、以下のとおりである。

(1) 物件事故扱事案の増加

①第130回（2012（平成24）年1月31日）自賠審

[損保料率機構S委員] 物件事故扱事案が全体の3割弱を占めている。

[日本医師会F委員] 3割も占めているのは非常に問題である。

②平成24年度あり方懇（2012年8月1日）

[日本医師会F委員] 物件事故扱いで医業類似行為で施術を受け、自賠責保険金が支払われているとの情報がある。医師の診断と人身事故証明による支払いを要望する。

③第131回（2013（平成25）年1月9日）自賠審

[損保料率機構S委員] 物件事故扱いにおける自賠責の支払いが近年増加傾向になっている。

[日本医師会F委員] 物件事故扱いであっても軽傷であっても医療機関を受診し、人身事故扱

いにすべきである。
④平成25年度あり方懇（2013年6月20日）
［日本医師会F委員］物件事故扱いで実際人身事故になっているのが約3割程度あるという情報がある。物件事故に隠れている人身事故といえる。
⑤第133回（2014（平成26）年1月29日）自賠審
［損保料率機構A委員］近年は物件事故として届け出られた事故において自賠責保険の支払いが行われるものが増加傾向となっている。
⑥第134回（2015（平成27）年1月28日）自賠審
［損保料率機構H委員］近年は物件事故として届け出られた事故において自賠責保険の支払いが行われるものが増加傾向となっている。
⑦第135回（2016（平成28）年1月21日）自賠審
［日本医師会I委員］物件事故にもかかわらず、自賠責保険が支払われるケースが増えているのではないかという指摘が昨年に引き続き会員からある。
⑧第136回（2017（平成29）年1月12日）自賠審
［日本医師会M委員］物件事故扱いにおける自賠責保険の支払いが増加傾向にあるということを踏まえて、何らかの検証の場が必要であると考えている。
⑨第138回（2018（平成30）年1月24日）自賠審

〔日本医師会I委員〕物件事故扱いでの自賠責保険の支払いは、詐欺や不正請求などが紛れ込み、自賠責保険から多額の保険金が支払われることになる。当審議会において検証が必要であると考えている。警察の事故取扱いの相違によって、社会的不公平感を生むことになる。

⑩第139回（2019（平成31）年1月16日）自賠審

〔日本医師会N委員〕年々大幅に物件事故扱いでの支払いが増えている。28年度では約半数に近いのではと推測される。社会的な公平性、公正性という点から考えても、物件事故扱いでありながら支払われているというものが増えているのは問題である。

〔損保料率機構E委員〕自賠責保険全体の支払件数における物件事故証明による支払いは、指摘のとおり50％程度ある。

⑪第140回（2020（令和2）年1月16日）自賠審

〔日本医師会N委員〕自賠責保険支払件数と交通事故統計の数値に相違がある。交通事故統計は、実態を反映していないと思われる。警察への届け出が人身事故と物件事故とでは処分が違う。物件事故扱いでの保険金支払いは、社会的公平性、公正性の観点から問題と思う。

物件事故扱事案の存在および増加については、多数の論議がある。自賠責保険適正化の観点から、あるいは刑事処分、行政処分の相違からくる社会的公正の観点から問題を指摘するものである。第139回の自賠審において、物件事故扱事案の割合は、約5割と報告されている。

5割は、極めて異常な状況である。

問題の提起は主として日本医師会委員からで、他の委員からの発言はほとんどない。対策を講じるべきであるとする意見に対して、具体的対策案は示されていない。

(2) 物件事故扱事案で医師の診断のない事案

①第131回(2013(平成25)年1月9日)自賠審

[損保料率機構S委員] 一部1%に満たない割合であるものの、医師の診断のない事案が存在する。

②第135回(2016(平成28)年1月21日)自賠審

[日本医師会I委員] 医師の診断や指導がなく自賠責の支払が行われているとすれば、交通事故被害者(患者)の健康、生命を守りたいと考えている我々の立場からすると、認めがたい事実である。

交通事故証明書がなく医師の診断書のない事案に関して、保険金支払いが行われている事実についての問題提起である。

と思う。

（3）医業類似行為（柔道整復師）

①平成24年度あり方懇（２０１２（平成24）年8月1日）

［日本医師会F委員］（医業類似行為で施術を受け）半年あるいは1年間治療をすると、慰謝料、休業損害が発生し、自賠責保険金の支払いとなる。自賠責保険の適正化の観点から問題であると思う。

②第１３１回（２０１３（平成25）年1月9日）自賠審

［日本医師会F委員］医業類似行為の療養費のデータを公表すること、長期間の治療については治療機関、施術所ともに適正化に努めるべきである。

③第１３２回（２０１３年1月17日）自賠審

［日本医師会F委員］物件事故扱いで軽症の場合に、医療機関に行かずに、医業類似行為の施設に行って、長期間施術を受けているという問題もまだ解決されていない。

④平成25年度あり方懇（２０１３年6月20日）

［日本医師会F委員］軽傷事案で医業類似行為に行く場合がある。治療期間が長引くと保険金が大きくなる。適正化の観点から問題である。

［H委員］自賠審でも医業類似行為について非常に問題ではないかとの指摘がある。具体的な結果が全然見えてこない。

⑤第１３３回（２０１４（平成26）年1月29日）自賠審

［日本医師会F委員］軽症の場合、医療機関では平均2か月以内に治っている。柔道整復師は、施術期間は全て100日以上になる。実日数は50日である。（治療費、施術費は）医療機関が2600億円、柔道整復師は673億円である。

⑥第136回（2017（平成29）年1月12日）自賠審

［日本医師会M委員］柔道整復師の長期にわたる施術や、多くの部位への過剰な施術が行われる施術費用の傾向を踏まえて、適正化を議論する時期にきているのではないかと考えている。

⑦第138回（2018（平成30）年1月24日）自賠審

［日本医師会I委員］柔道整復師の長期間にわたる施術や過剰な施術が行われている傾向を踏まえ、自賠責保険における適正化が必要である。

⑧第139回（2019（平成31）年1月16日）自賠審

［日本医師会N委員］柔道整復のほうが医療機関より長期化している、あるいは高額化している要因を調査、分析して、適正な対策を講じて欲しい。

医業類似行為（柔道整復師）の問題については、多くの論議がある。施術費用のみならず、施術期間の長期化傾向からくる自賠責保険金への影響など多岐に及んでいる。

（4）金融庁の認識

第132回（2013（平成25）年1月17日）自賠審

［金融庁K課長］物件事故証明等の事故の増加については、指摘のとおり、物件証明による請求が増加傾向である。

金融庁担当課長は、自賠責保険請求において物件事故扱事案が増加している状況を承知している。物件事故扱事案は、実態上の人身事故である。自賠審では、毎回のように物件事故扱事案の問題が論議されている。論議は、自賠責保険の適正化が主題であるが、同時に、実態の交通事故が交通事故統計とは相違することが理解できるものである。

交通事故の発生状況が交通事故統計と異なる実態にあることについて、どのように認識しているのであろうか。

（5）国交省の認識

①平成25年度あり方懇（2013（平成25）年6月20日）

［国交省M自動車局長］事故件数についても、約66万5000件ということで、着実に減少している状況にある。

［国交省G室長（参事官）］さまざま意見をいただいた。しっかりと受けとめて、しっかりと取

り組んでいきたい。
②平成28年度あり方懇（2016（平成28）年5月31日）
［国交省M参事官］「はい。結局交通事故は減少しているんですが」
③令和元年度あり方懇（2019（令和元）年6月30日）
［国交省K参事官］交通事故発生件数、負傷者数についても14年連続で減少といった状況になってきている。

国交省の担当者は、交通事故は減少し、負傷者数も減少している状況にあると述べている。自賠審には、毎回国交省担当者が出席している。自賠審では、毎回のように物件事故扱事案の問題が論議されている。物件事故扱事案は実態上の人身事故であり、交通事故統計の数値は現状を反映していないと理解できるものである。国交省は、交通行政の担当省庁であるから、交通事故の実態にはより敏感であると考えるが、現状をどのように認識しているのであろうか。

(6) 各省庁の連携

①第129回（2011（平成23）年1月20日）自賠審
［国交省Y保障課長］自賠審での議論をあり方懇談会で報告することはやぶさかではない。
［金融庁S保険課長］連携不足とならないように努める。

②平成24年度あり方懇（2012（平成24）年8月1日）

［日本医師会F委員］国交省、金融庁は、警察とも協力して、人身事故扱いを指導して欲しい。

［国交省G参事官］関係機関とも相談していく。

③第132回（2013（平成25）年1月17日）自賠審

［金融庁K課長］関係省庁と連携しながら、しっかりとフォローしていきたい。

④令和元年度あり方懇（2019（令和元）年6月30日）

［国交省K参事官］政府では今、昨今の事故状況を踏まえた交通安全対策に関する閣僚会議を開いて、政府全体、各省庁連携してさまざまな対策を立てつつあるという状況である。

国交省担当者および金融庁担当者は、省庁間の連携が必要であると述べている。委員からの警察庁に対する人身事故扱いの指導についても、相談する旨を回答している。しかし、実効が上がっているとは思えない。現状は、連携が施策としてどのように反映されているか不明である。

4 自賠審の今後

わが国の自動車台数は、2019（平成31）年3月末時点で8178万9318台(注3)である。

自動車台数は、毎年わずかずつ増加している。

自賠責保険における収入と支払保険金の状況を見ると、2018（平成30）年度では、収入保険料が1兆598億円、支払保険金は7643億円である。(注4)

自賠審は、収入保険料と支払保険金等の支出の状況から保険料率の検証を行い、自賠責保険制度、自賠責保険に係るさまざまな問題を審議する機関である。

前記「2　自賠責保険に係る審議」において、自賠審が本件問題点等についてどのような論議を行っているのかを見た。自賠審が、交通事故統計と自賠責保険支払件数の乖離についてどのように考えているのか、交通事故の実態をどのように認識しているのかを確認するためである。

確認できたことは、意見として出される問題点に関して、対策は具体的に進展していないということである。交通事故統計と自賠責支払件数との乖離、交通事故の実態件数については、一部に反映を求める意見はあるが、未解決のままである。支払保険金7643億円に直接かかわる自賠責保険の適正化については、物件事故扱事案、柔道整復師費用などの問題があるが、いずれも具体的検討は行われていない。

現在、自賠審は、原則として年1回開催されている。議案のある時は臨時に開催されるが、料率の検証、確認、承認が主たる議事である。

自賠審の審議内容は、損保料率機構の保険料率検証の説明や損保協会等の業務報告を受け、論議を行うもので、会議の時間は1時間30分から2時間程度である。年に1回、約2時間程度の論議で、現在自賠責保険が有するさまざまな問題を検討することは困難である。

自賠審には、わが国に8178万台余の自動車があり、年間の自賠責保険料は1兆598億円であり、支払保険金は7643億円であることに照らした、自賠責保険制度に対する検証責任がある。現在の自賠審は、問題を十分に論議できず、解決を先送りにしている状況であり、国民の負託および期待に応えているとはいえない。

自賠審は、次の3点について検討すべきである。

①委員の増員、拡充

現在の委員数では十分な論議ができないと考えられることから、委員の増員と実務精通者の拡充を図るべきである。

②開催回数の増加

現在は年1回の開催であるが、複数回の開催により、より深い内容のある審議が行われるべきである。

③部会の設置

自賠責保険に係るすべての問題を審議会で論議することは困難である。専門検討部会を設置し、速度感をもって問題の解決に当たるべきである。

第136回（2017年1月12日）自賠審において日本医師会M委員は、柔道整復の問題に関連して、「……現状を踏まえ、厚労省におきまして、柔道整復療養費検討専門委員会が設置されております。審査会の強化や施術費範囲の明確化など、具体的な適正化の方向が示されているところでございます」と、自賠審においても同様の対応が必要である旨を述べている。傾聴に値する有意な意見である。

金融庁には、自賠審のほかに金融審議会に自動車損害賠償責任保険制度部会（以下「自賠責保険制度部会」という）が組織上、存在する。自賠責保険制度部会は、金融審議会の所掌事務のうち、「①内閣総理大臣または金融庁長官の諮問に応じて自賠責保険に関する重要事項を調査審議すること。②上記①の重要事項に関し、関係各大臣または金融庁長官に意見を述べること（金融庁設置法7条3号・4号）」の事項に関する事務を所掌するとされている。（注5）

自賠責保険制度部会の状況を見ると、2001（平成13）年3月16日（第1回）と同年11月8日（第2回）の計2回開催されているが、その後は開催されておらず、休止状態である。2回とも自賠審との合同で会議が行われており、記録として議事概要が分離されていないため、部会独自の審議内容は不明である。

自賠責保険制度部会は、「自賠責保険に関する重要事項を調査審議すること」を目的として設けられたと考えられ、自賠責保険制度とは直接に関係しない自賠責保険実務に係る課題を検討することは適切ではなく、審議会も異なることから、自賠審に新たな部会を設置することが妥当と考える。

自賠審は、物件事故扱事案と柔道整復費等の問題について、部会を設置して検討に当たるべきである。

5 省庁および団体への照会

前述のとおり各省庁および団体において、本件問題点等に関して具体的に検討している形跡がうかがえなかったことから、本件問題点等について、警察庁、金融庁、国交省、損保料率機構、損保協会に照会し回答を求めた。以下はその内容である。記載は、照会時順である。

(1) 損保料率機構

窓口担当部署に対して、自賠責保険の損害認定に係る問題点および関連する事項についての意見、見解を伺いたいので、取材の協力をお願いしたい旨を申し入れた。対応担当者から、損保料率機構は意見、見解を述べる立場にないため、取材はお受けいたしかねるとの返答があった。照会事項に対して、回答困難との回答はあり得るとしても、照会自体を行えないことは残念である。

ちなみに、筆者が予定した照会事項は次のとおりである。

①損保料率機構または損害保険業界が実施した軽微・軽症事故に対する施策
②損保料率機構または損害保険業界が実施した人身事故届出推進施策
③物件事故扱事案が多数を占める現状についての見解
④物件事故扱事案が増加傾向にあることについての見解
⑤物件事故扱事案の問題点
⑥物件事故扱事案に対する改善策
⑦物件事故扱事案に対するこれまでの施策と結果
⑧物件事故扱事案で医師の診断のない事案についての見解
⑨柔道整復師に係る問題についての見解
⑩自賠責保険支払件数は、交通事故の実態を一定反映しているものであるとの筆者意見に対する見解

(2) 損保協会

窓口担当部署に対して、自賠審の審議内容に関連して自賠責保険の問題点についての意見、見解を伺いたいので、取材の協力をお願いしたい旨を申し入れた。対応担当者から、損保協会は意見、見解を述べる立場にないため、取材はお受けいたしかねるとの返答があった。損保協会の対応は、損保料率機構と同様である。

照会事項に対して回答が困難であるとしても、照会自体を行えないことは残念である。

ちなみに、筆者が予定した照会事項は、損保料率機構への照会事項とほぼ同じである。

(3) 警察庁

交通事故統計年報は警察庁交通局が編集することから、警察庁交通局交通企画課(交通警察の運営に関する企画および立案を所掌する)へ取材の協力をお願いしたいため、警察庁広報室へ連絡した。

広報室担当者は、(取材協力要請には)対応していないとして、応じられないとの返答であった。交通事故発生状況に関して、ぜひ教示を受けたいと趣旨を説明したが、返答は変わらず、取材は断念せざるを得なかった。照会事項について、回答困難なものがあるのはやむを得ないとしても、警察庁の見解は、本件主題の核心であるところから、ぜひ取材に応じていただきたいと思ったが、照会までに至らず残念である。

筆者が予定した照会事項は、以下のとおりである。

警察庁交通局御中
ご照会事項

1．死傷者数の減少に関する施策について

平成11年から平成30年までの20年間について、交通事故統計によれば、死者数はほぼ毎年減少を続け、平成30年は平成11年に比して約61％の減少となっています。同様に負傷者数は、約50％減少し、死傷者数も約50％減少しています。

20年間における負傷者数の推移を見ると、平成19年は、平成11年とほぼ同数でしたが、平成20年から減少を始め（対平成11年比10％減少）、以降毎年減少を続けています。

（1）平成11年から平成18年までの8年間と比べて、平成19年以降は減少傾向が顕著です。平成18年以降に何らかの施策（減少対策）が始まったものでしょうか。具体的にあればご教示願います。

（2）平成18年以降に、交通事故減少対策に関する会議、通達等はありますか。

（3）警察庁には、交通事故件数削減目標がありますか。

（4）都道府県警察には、交通事故件数削減目標がありますか。

（5）交通事故件数の増減は、交通警察としての評価の対象ですか。

2．物件事故扱いでの人身損害保険金請求について

自動車には、自動車損害賠償責任保険（以下「自賠責保険」といいます）の付保が義務付

けられているのはご高尚のとおりです。

自賠責保険に係る審議機関として、金融庁に自動車損害賠償責任保険審議会（以下「自賠審」といいます）が設けられ、自賠責保険のさまざまな問題が論議されています。

近時、自賠審においては、物件事故扱い（物件事故証明書）による自賠責保険請求の増加が問題となっており、自賠責保険支払の50％を占めるとされています。

（1）御庁は、自賠責保険支払における、交通事故証明書（人身事故証明書）不添付事案の実態をご存じですか。

（2）自賠責保険に対する保険金請求事案は、警察の取扱いが物件事故扱いであっても、実質は人身事故です。自賠責保険支払件数は、交通事故統計死傷者数の約2倍相当であることから、小職は、実態としての交通事故（人身事故）件数については、交通事故統計数値の約2倍はあると考えています。小職の、この考えに関するご見解はいかがですか。

3．わが国の交通安全対策について

現在、第10次交通安全基本計画が実施されています。小職は、交通安全基本計画については、交通事故統計数値によらず、実態の交通事故発生状況に基づいて検討されるべきであると考えます。小職の、この考えに関するご見解はいかがですか。

以上

(4) 金融庁

金融庁監督局保険課に対して、自賠審の審議内容に関連して自賠責保険の問題点についての意見、見解を伺いたいので、取材の協力をお願いしたい旨を申し入れた。対応担当者から、照会内容を確認して検討するので、まず照会事項を送付願いたいとの回答であったことから、照会事項を送付した。その後1か月を経過しても返事がないため担当者へ照会したところ、照会事項は確認したが、答えられる内容ではないと判断するので、答えは控えさせていただくとの返答であった。

金融庁監督局保険課に送付した照会事項は以下のとおりである。

金融庁監督局保険課御中

ご照会事項

はじめに

近時、自動車損害賠償責任保険審議会（以下「自賠審」という）において、自動車損害賠償責任保険（以下「自賠責保険」という）に係るさまざまな問題が論議されています。

自賠責保険に係る問題および関連する事項について、貴課がどのような意見、見解をお持ちであるかご照会させていただきますので、ご回答のほどよろしくお願い申し上げます。

1. 損保料率機構または損害保険業界の推進施策について

（1）第130回（平成24年1月31日）自賠審において、損保料率機構S委員は、次のように述べています。

（物件事故扱いで処理された傷害事案について）

「……ところで、このような物損事故扱いで処理された傷害事故に対する支払い動向の背景といたしましては、以前、昭和59年の自賠審で交通事故の発生事実を十分確認すべきとのご指摘がありましたことから、以降、交通事故証明書、特に人身事故扱いの証明書の取りつけを励行してきたという経緯がありますが、一方で近年では、さらに保険金請求に関する丁寧な掘り起こしを行う観点から、保険金支払いの可能性のある事故につきまして、比較的軽微な事故についても漏れのないよう確認を徹底しているという取り組みが影響しているものと考えられます。」

損保会社は、「比較的軽微な事故についても漏れのないよう確認を徹底（する）」取り組みを推進しているのでしょうか。このような取り組みの存在をご存じですか。

（2）第131回（平成25年1月9日）自賠審において、損保料率機構S委員は次のように述べています。

「……損保業界といたしましては、あくまでも人身事故の場合には警察に診断書を提出して人身事故の届けを行うのが原則であることについてご説明するという取り組みを進めておりますが」

取り組みとは、具体的にどのようなものか承知されていますか。損保協会から取り組み内容の報告を受けていますか。

2．物件事故扱いで処理された傷害事案について

（1）第139回（平成31年1月16日）自賠審において、損保料率機構E委員は、「……3つ目は物件事故でございました。物件事故につきましては、データがいろいろあるんですけれども、自賠責保険全体の支払件数における物件事故証明による支払いというのは、ご指摘のとおり50％程度ございます。」と述べています。

自賠責保険の支払いにおいて、物件事故扱事案が多数を占める現状について、どのように考えますか。

（2）第130回（平成24年1月31日）自賠審において、損保料率機構S委員は、「……いわゆる物損事故扱いとして処理された事故において生じていた傷害に対する自賠責の支払いが近年増加傾向となっておりまして、全体の3割弱を占める水準になっております。」と述べています。

上記（1）E委員の説明は50％程度とあることから、平成24年から平成31年の7年間に物件事故扱事案は増加したといえます。この増加について、どのように考えますか。

3．物件事故扱事案に係る問題について

自賠審の議事録を見ると、委員から毎回のように物件事故扱事案の存在が問題である旨の意見があります。

（1）貴課は、物件事故扱事案の存在を問題であると考えていますか。

（2）（上記（1）の回答が、「問題である」とする場合）

①どのような点が問題であると考えますか。

②改善策についてはどのように考えますか。

③これまで改善策を実施したことはありますか。

（3）（上記（1）の回答が「問題ではない」とする場合）問題ではないとする理由は何ですか。

（4）物件事故扱事案で医師の診断のない事案について

自賠審の議事録を見ると、第131回（平成25年1月9日）自賠審において損保料率機構S委員は、「……一部1％に満たない割合であるものの、医師の診療未受診の請求事案もございます。」と説明しています。

第135回（平成28年1月21日）自賠審において日本医師会I委員は、「……医師の診断や指導がなく自賠責の支払が行われているとすれば、交通事故被害者（患者）の健康、生命を守りたいと考えている我々の立場からすると、認めがたい事実であります。」と述べています。

交通事故証明書がなく、医師の診断書のない事案が、自賠責保険支払対象事案として認定されている事実について、どのように考えますか。

4．柔道整復師に係る問題について

自賠審の議事録を見ると、柔道整復師の施術に関して問題である旨の意見が多くあります（たとえば、第138回（平成30年1月24日）自賠審。日本医師会I委員の発言「柔道整復師の長期間にわたる施術や過剰な施術が行われている傾向を踏まえ、自賠責保険における適正化が必要であると考えております。」）。

柔道整復師に係る問題について、どのように考えていますか。

5．交通事故統計と自賠責保険支払件数の相違に関連して

交通事故統計と自賠責保険支払件数（主として負傷者数と傷害支払件数）については、相違があります（たとえば、第134回（平成27年1月28日）自賠審、損保料率機構H委員の説明「……人身事故としての届出があったもののみが警察統計上の交通事故負傷者数として集計されております。これに対しまして、近年は物件事故として届け出られた事故において自賠責保険の支払いが

行われるものが増加傾向となっていることから、交通事故負傷者数と自賠責の事故率とでは動向に違いが生じております。」)。

相違の理由については、交通事故統計は警察が人身事故として取り扱った件数であり、自賠責保険支払件数は自賠責保険が人身損害の事実を認定して支払った件数であることからくるものです。

自賠責保険の支払いは、事故発生後の手続きであり、事故日とは時間差を生じるため当該年度の事故件数であるとはいえません。しかし、事後処理として事故と連動していることから、結果として事故発生の実態を一定反映することになると考えます。

(1) 自賠責保険の支払件数は、結果として事故発生の実態を一定反映することになる、との見解についてどのように考えますか。

(2) 自賠審で問題となっている物件事故扱事案は、警察の取扱い上は物件事故ですが、実態としては人身事故であると考えます。この見解についてどのように考えますか。

(3) (上記(2)の回答が「実態としては人身事故であると考える」とする場合)

交通事故統計は、交通事故の実態を示していないと考えます。この見解についてどのように考えますか。

(4) (上記(2)の回答が「実態としては人身事故であると考える」とする場合)

物件事故扱事案は自賠責保険支払件数の約5割を占めているとの報告があります(平成

31年1月16日自賠審、損保料率機構E委員説明)。平成31年1月時点で確認できる平成29年の交通事故統計死傷者数は58万4544、平成29年の自賠責保険死傷者支払件数は113万8780です。113万8780の5割が物件事故扱事案であるとすると、113万8780×5割＝56万9390となります。

あくまで検討のための概数ですが、物件事故扱事案件数は交通事故統計死傷者数とほぼ同数です。物件事故扱事案は、実態としては人身事故であることから、交通事故の実態件数は交通事故統計数値の約2倍程度あることになると考えます。この見解についてどのように考えますか。

(5)(上記(2)の回答が「実態としては人身事故であると考える」とする場合)

国土交通省、警察庁と認識を共有する考えはありますか。

(6)(上記(2)の回答が「実態としては人身事故であると考える」ではない場合)

それでは、どのように考えるものですか。

(7)わが国の交通安全対策は、交通事故統計によるのではなく、自賠責保険支払件数を考慮した実態に基づき検討されるべきであると考えます。この見解についてどのように考えますか。

以上

（5）国交省

国交省保障制度参事官室に対して、あり方懇の審議内容に関連して自賠責保険の問題点についての意見、見解を伺いたいので、取材の協力をお願いしたい旨を申し入れた。対応担当者から、照会内容を確認して検討するので、まず照会事項を送付願いたいとの回答であったことから、照会事項を送付した。その後1か月を経過しても返事がないため担当者へ照会したところ、照会事項は確認したが、答えられる内容ではないと判断するので、答えは控えさせていただくとの返答であった。この対応は金融庁監督局保険課と同様である。

国交省保障制度参事官室に送付した照会事項は、金融庁監督局保険課への照会事項とほぼ同じである。

（6）まとめ

以上のとおり、いずれの省庁および団体からも回答を得ることはできなかった。

【第2章注】

（注1）東京地判昭和60年11月29日、「交通事故民事裁判例集」18巻6号1560頁、ぎょうせい。

（注2）加藤久道「自賠責保険請求における交通事故の証明に関する諸問題」『損害保険研究』68巻1号

（２００６）１２２頁一部改変。
（注３）平成31年3月末の自動車保有台数（軽自動車を含む）、一般財団法人自動車検査登録情報協会「自動車保有車両数・月報」より。
（注４）「２０１９年度自動車保険の概況」20頁、22頁。損保料率機構２０２０年４月。
（注５）「自賠責保険のすべて13訂版」１９０頁、保険毎日新聞社、２０２０年６月27日発行。

第3章　交通安全対策の実施状況

本章では、わが国において、政府、行政による総合的かつ長期的な交通安全対策がどのように進められてきたのか、現在までの状況を見てみようと思う。交通事故統計と交通事故発生状況の実態が違うのはなぜか、原因は何か、解明の糸口が見つかるかもしれない。

わが国における総合的かつ長期的な交通安全対策は、交通安全対策基本法（昭和45年法律第110号）に基づき、1971（昭和46）年3月30日、中央交通安全対策会議（内閣府。会長：内閣総理大臣）において、第1次交通安全基本計画が作成されたことをもって始まるといってよい。交通安全基本計画（以下「基本計画」という）は、以降5年ごとに作成され、現在は、第10次基本計画（計画期間：2016（平成28）年度～2020（令和2）年度）が実施されている。

基本計画は、陸上、海上および航空の各分野において、国（関係行政機関）、地方公共団体、関係民間団体等が一体となって、交通の状況や地域の実態に応じ、交通安全施策を具体的に推進するものである。

1　基本計画策定の背景

わが国における自動車保有台数は、1955（昭和30）年には約146万台であった。その後、1960（昭和35）年には約330万台、1965（昭和40）年には約790万台、1970（昭和45）年には約1859万台に増加し、自動車時代の到来という事態となった。

自動車の急激な増加は、重大な社会問題として、交通事故の増加を生じさせることとなった。自動車の保有台数と交通事故死傷者数は、一定の相関関係があると考えられることから、今後、当分の間は両者の関係が変わらないと仮定した場合には、「将来における交通事故の発生状況を予測すれば、自動車保有台数の増加傾向からみて、昭和50年においては、交通事故による死者は約2万人、このうち歩行中の死者が約8千人となり、また負傷者は約170万人に達するという憂慮すべき事態になることが予想される。」（注1）と考えられた。

このような事態を防止する対策として、「交通安全施設の一層の整備をはじめ、各種の効果的な交通安全対策を総合的かつ強力に実施することにより、極力交通事故の増加傾向の抑止に努めるものとする。」（注2）として、基本計画が策定され、同計画に基づく対策が実施されることとなった。

2　基本計画の開始

1971（昭和46）年3月30日、中央交通安全対策会議は、第1次基本計画を示した。以下にその一部を紹介する。

「（はしがき）近年における自動車交通の急激な伸展に伴い、道路交通事故は逐年増加の一途をたどっている。……政府はこれまでも交通安全対策を国の最重点施策として取り上げ、地方公共団体とともに諸般の施策を積極的に推進してきた。しかしながら、今後も予想される道路交通事故の増加を抑制するとともに、鉄軌道、海上および航空の重大事故を防止するためには、人命尊重がなにものにも優先するとの認識のもとに、交通安全対策全般にわたり総合的かつ長期的な視野にたって施策の大綱を定め、これに基づいて諸施策を従来にもまして強力に推進していかなければならない。……この基本計画に基づき、国の関係行政機関および地方公共団体においては、交通情勢や地域の実態に応じて、交通の安全に関する施策を具体的に定め、これを強力に実施することを望むものである。」

右記文言から、当時の切迫した交通事故発生状況と交通安全対策が喫緊の課題であるとの認識を感じることができる。

以降、基本計画の詳細な施策項目に基づき、対策が進められることとなった。

3　第1次基本計画から第6次基本計画までの交通事故発生状況および自賠責死亡傷害計の推移

第1次基本計画（昭和46年度～昭和50年度）の始期から第6次基本計画（平成8年度～平成12年度）の終期まで30年間の推移は、表3-1のとおりである。

1971（昭和46）年から2000（平成12）年まで30年間の推移の大要は次のとおりである。

①**事故件数**

当初は約70万件であったが、一時は47万件に低下した。その後増加し、2000年には約93万2千件（33・1％増加）となっている。

②**死者数**

当初は約1万6千人であったが、その後低下して約1万人～約9千人～約1万1千人前後で推移し、2000年には約9千人（44・3％減少）となっている。

③**負傷者数**

当初は約95万人であったが、その後低下し、約62万2千人、約59万9千人となった。しかし、その後増加傾向となり、約68万1千人、約79万人、約92万3千人となって、2000年には1

表３－１　第１次基本計画から第６次基本計画までの交通事故発生状況および自賠責死亡障害計の推移

計画年次	年	事故件数	死者数	負傷者数	死傷者数	自賠責死亡傷害計
第１次	1971（昭和 46）年	700,290	16,278	949,096	965,374	712,331
	1975（昭和 50）年	472,938	10,792	622,467	633,259	547,408
第２次	1980（昭和 55）年	476,677	8,760	598,719	607,479	644,234
第３次	1985（昭和 60）年	552,788	9,261	681,346	690,607	856,290
第４次	1990（平成 2）年	643,097	11,227	790,295	801,522	906,227
第５次	1995（平成 7）年	761,794	10,684	922,677	933,361	1,006,666
第６次	2000（平成 12）年	931,950	9,073	1,155,707	1,164,780	1,151,919

出典：「交通事故統計年報令和元年８月版」１頁、警察庁交通局。自賠責死亡傷害計は損保料率機構（自算会を含む）「自動車保険の概況」の該当年度より。
※便宜上、第１次基本計画については始期年と終期年の数値を記載し、第２次基本計画から第６次基本計画までについては終期年の数値を記載した。

00万人超の約115万6千人（21・8%増加）となっている。

④死傷者数

増減の傾向は、負傷者数と同様である。当初は、約96万5千人であったが、その後低下した。しかし、その後増加傾向となり、2000年には100万人超の約116万5千人（20・7%増加）となっている。

⑤自賠責死亡傷害計

増減の傾向は、死傷者数に近いが同様ではない。1995年には100万件を超え、その後も増加が続き、2000年には約115万2千件となった。

①から④の各数値を概観すると、2000年は、1971年と比べて、死

者数は大きく減少したが、事故件数、負傷者数、死傷者数は増加しており、交通事故情勢全般としては悪化している感がある。

4　第6次基本計画（平成8年度～平成12年度）の実施と評価

第5次基本計画の最終年である1995（平成7）年度では、死者数は1万人を超える状況にあり、死傷者数も増加傾向にあった。

第6次基本計画は、「……交通事故の増加傾向に歯止めを掛け、特に死亡事故の防止には格段の意を注ぎ、交通事故死者数の減少に努める。もちろん、交通事故による死傷者数を限りなくゼロに近づけ、国民を交通事故の脅威から守ることが目標であるが、当面、年間の交通事故死者数を平成9年までに1万人以下とし、さらに、平成12年までに9000人以下とすることを目指すものとする。」(注3)として実施された。

実施後の評価については、「第6次の交通安全基本計画において、『年間の交通事故死者数を平成9年までに1万人以下とし、さらに、平成12年までに9000人以下とすることを目指すものとする』とし、各般の交通安全対策を鋭意推進した結果、交通事故による死者数は平成8年に9942人と1万人を切り、11年には9006人まで減少し一定の成果を挙げることができたが、12年には9066人となり、遺憾ながら目標を達成するに至らなかった。」(注4)とされた。

第6次基本計画においては、人命尊重の理念に立って、まず死亡事故の減少を目指した。交通事故の増加は、社会的・経済的な損失も大きいことから、より快適、安全な交通社会を実現するために交通安全対策を推進するとした。結果としては、死者数の減少目標数値には近づいたが、達成には至らなかった。死傷者数については、1971年に第1次基本計画を開始してからの最大値で、対1995年度（第5次基本計画の最終年度）に比べて24・8％の増加となっており、交通事故情勢の悪化傾向を感じさせるものがある。

5　第7次基本計画（平成13年度〜平成17年度）の実施

第7次基本計画については、「……従来の交通安全対策を基本としつつ、効果的な対策への改善を図るとともに、有効性が見込まれる新規施策を推進することとし、対策の実施に当たっては、目標を設定して、その実施後においては、効果評価を行い、必要に応じて改善するという枠組みの確立を図ることとする」(注5)とし、「交通事故による死傷者数を限りなくゼロに近づけ、国民を交通事故の脅威から守る当面、自動車保有台数当たりの死傷者数を可能な限り減少させるとともに、平成17年までに、年間の24時間死者数を、交通安全対策基本法施行以降の最低であった昭和54年の8466人以下とすることを目指すものとする。そのため、国の関係行政機関及び地方公共団体は、国民の理解と協力の下、2に掲げる諸施策を総合的かつ強力に推進する」(注6)とした。

6　第7次基本計画期間における交通事故発生状況、乖離率、自賠責死亡傷害計の推移

①事故件数

2002年は、2001年に比べて減少したが、2003年、2004年と増加し、2005年は減少した。しかし、2005年の事故件数は、2000年(第6次基本計画の最終年度)の事故件数(93万1950)を2396上回った(増加率0・3%)。

②死者数

2001年から2005年まで一貫して減少した。一度も対前年数値を上回ることはなかった。2005年の死者数6937は、2000年の死者数9073と比べて2136の減少(減少率23・5%)となった。

③負傷者数、死傷者数

負傷者数、死傷者数は、事故件数と同様の傾向である。

2005年の負傷者数は、2000年の負傷者数より1406増加(増加率0・1%)した。

2005年の死傷者数は、2000年の死傷者数より730減少(減少率0・06%)した。

表３－２　第７次基本計画期間における交通事故発生状況、乖離率、自賠責死亡傷害計の推移

年	事故件数	死者数	負傷者数	死傷者数	乖離率		自賠責死亡傷害計
					死亡	傷害	
2001（平成13）年	947,253	8,757	1,181,039	1,189,796	1.04	1.00	1,184,234
2002（平成14）年	936,950	8,396	1,168,029	1,176,425	1.01	0.98	1,203,726
2003（平成15）年	948,281	7,768	1,181,681	1,189,449	1.01	0.98	1,214,110
2004（平成16）年	952,720	7,436	1,183,617	1,191,053	1.02	1.00	1,188,841
2005（平成17）年	934,346	6,937	1,157,113	1,164,050	1.02	0.98	1,186,471

④乖離率

死亡乖離率、傷害乖離率とも振幅はあるが、突出した乖離はなく、整合の範囲と認められる。

⑤自賠責死亡傷害計

自賠責死亡傷害計は、１１８万４千から１２１万４千の範囲で推移した。特異性は認められない。

右記①から③の各数値を概観すると、２０００年度に比べて死者数はさらに減少したが、事故件数、負傷者数は微増であり、交通事故発生状況が改善傾向にあるとは言えない感がある。

７　第７次基本計画実施後の評価

第７次基本計画においては、「平成17年までに、死者数を８４６６人以下とする」ことが目標とされ、その目標は、２００２（平成14）年には達成された。２００３（平成15）

年以降も減少傾向は続き、２００５（平成17）年の死者数は、６９３７となった。

死者数が減少した要因に関しては、内閣府による「第7次交通安全基本計画の政策評価」によれば、「近年、交通事故死者数が減少している理由としては、道路交通環境の整備、交通安全思想の普及徹底、安全運転の確保、車両の安全性の確保、道路交通秩序の維持、救助・救急体制の整備等の諸対策が効果を発揮したことは言うまでもない」とし、加えて、①飲酒運転の厳罰化等悪質・危険運転者対策、②シートベルト着用者率の向上と致死率（自動車乗車中）の低下、③危険認知速度（車両の事故直前速度）の低下と死者数の減少、④歩行中死傷者の違反の減少と歩行中死者の減少、⑤致死率の高い正面衝突事故の減少、をあげている。

基本計画についての実施評価としては、「第7次交通安全基本計画における『平成17年までに、年間の24時間死者数を、交通安全対策基本法施行以降の最低であった昭和54年の８４６６人以下とする』という目標は達成することができたが、『自動車保有台数当たりの死傷者数を可能な限り減少させる』という目標は、必ずしも十分に達成できたとは言い難い状況にある。[注7]」とされた。

人命尊重の理念に基づく死者数の減少は進んだが、事故件数、負傷者数は増加しており、死者数の減少により死傷者数は減少しているもののわずかであって、全体として改善している状況にはない、と評価している感がある。

8　第8次基本計画（平成18年度〜平成22年度）の策定と特徴

内閣府は、第8次基本計画の策定に当たって、従来の専門委員会のほかに、2004（平成16）年6月に「道路交通安全の基本政策等検討会（以下『検討会』という）」を設け、第7次基本計画の評価と第8次基本計画の検討にかかった。

検討会は、2004年6月から2005年3月まで4回開催され、第8次基本計画の基礎資料として「①交通事故の現状を踏まえた道路交通の安全対策に関するビジョン、②現行（第7次）基本計画（道路交通部分）の政策評価」について報告書（以下「検討会報告書」という）をまとめた。

検討会報告書では、適切なビジョンを設定すること、ビジョンをより明確かつ強力にするため目標の設定を図ること、交通安全に対する国民意識の改革を検討すること、が必要であるとされた。

目標の設定については、「死者数の数値目標は存在するが、事故件数（負傷者数）の数値目標は設定されていない。しかしながら、かねてより、死者数のみならず、事故件数や負傷者数についても数値目標を設定すべきではないかとの意見があり、その当否を検討する必要がある。（注8）」とされた。

第8次基本計画は、専門委員会の検討および検討会報告書を受けて策定された。以下にその一部を紹介する。

（まえがき）……平成14年中の死者数は8326人と半減するに至り、さらに17年中の死者数は6871人にまで減少した。これは、国、地方公共団体、関係民間団体のみならず国民を挙げた長年にわたる努力の成果であると考えられる。しかしながら、未だに道路交通事故による死者数が6千人を超えているほか、近年の状況を見ると、道路交通事故件数は高い状態で推移しており、今や事故そのものを減少させることが求められている。

（計画の基本理念）……本計画においては、このような観点から、……計画期間内に達成すべき数値目標を設定するとともに、その実現を図るために講じるべき施策を明らかにしていくこととする。……可能な限り成果目標を設定した施策を策定し、かつ、これを国民の理解と協力の下、強力に推進する。……今後は、死者数の一層の減少に取り組むことはもちろんのこと、事故そのものの減少についても積極的に取り組む必要がある。……本計画における最優先の目標は死者数の減少であるが、今後はさらに、死者数減少を始めとする交通安全対策を実施するに当たり、事故そのものの減少や死傷者数の減少にも一層積極的に取り組み、平成22年までに、年間の死傷者数を100万人以下とすることを目指すものとする。そのため、国の関係行政機関及び地方公共団体は、国民の理解と協力の下、第3

節に掲げた諸施策を総合的かつ強力に推進する。

第８次基本計画においては、第７次基本計画まではなかった新たな目標が定められた。「事故件数および死傷者数の減少」である。具体的数値としては、第８次基本計画の終期である２０１０（平成22）年には「死傷者数を１００万人以下とすること」である。

９　第８次基本計画期間における交通事故発生状況、乖離率、自賠責死亡傷害計の推移

①事故件数、死者数、負傷者数

２００６（平成18）年から２０１０（平成22）年まで一貫して減少した。一度も対前年数値を上回ることはなかった。

②死傷者数

２００６年から２０１０年まで一貫して減少した。２００８（平成20）年には95万９１２人となり、第８次基本計画の目標である「平成22年には死傷者数を１００万人以下とする」目標を期中で達成した。

表３－３　第８次基本計画期間における交通事故発生状況、乖離率、自賠責死亡傷害計の推移

年	事故件数	死者数	負傷者数	死傷者数	乖離率		自賠責死亡傷害計
					死亡	傷害	
2006（平成18）年	887,267	6,415	1,098,564	1,104,979	1.04	0.97	1,136,104
2007（平成19）年	832,704	5,796	1,034,652	1,040,448	0.96	0.89	1,162,362
2008（平成20）年	766,394	5,209	945,703	950,912	0.95	0.84	1,133,237
2009（平成21）年	737,637	4,979	911,215	916,194	0.97	0.82	1,122,501
2010（平成22）年	725,924	4,948	896,297	901,245	0.93	0.79	1,145,132

③乖離率

死亡乖離率は振幅があるが、突出した乖離はなく、整合の範囲と認められる。傷害乖離率は、２００６年が０・97で、整合の範囲と思われる。しかし、２００７（平成19）年から乖離が大きくなり（０・89）、乖離は毎年拡大を続け、２０１０年には０・79となった。

傷害乖離率とは、自賠責傷害件数を１・０とした場合に、統計負傷者数がどれほどの数値になるかを見るものであり、自賠責傷害件数における交通事故取扱いの割合を推測することができるものである。傷害乖離率の拡大は、交通事故として取り扱われない事案の増加を示している。

２００７年から自賠責保険請求において、物件事故扱事案すなわち「隠れ人身事故」が顕著となり、以後増加していると思われる。

④自賠責死亡傷害計

２００６年は約１１３万６千件であった。その後大きな増減はなく、２０１０年は約１１４万５千件である。数値

に振幅はあるが突出はなく、死傷者数のような減少傾向はない。特段増減のない状況で推移している感がある。

10　第8次基本計画の評価

第8次基本計画の目標は、死者数の減少と死傷者数を100万人以下とすることである。死者数については、2007（平成19）年に前年を下回って5千人台となり、2009（平成21）年には4千人台となった。

(1) 死者数の減少に対する評価

2008（平成20）年1月2日に、交通事故死者数が5千人台となったことに関する担当大臣の談話が発表された。

2009（平成21）年1月2日には、内閣総理大臣の談話が発表され、2010（平成22）年1月2日には、死者数が4千人台になったことに関する担当大臣の談話が発表された。以下に各談話の一部を紹介する。

交通事故死者数が5千人台となったことに関する内閣府特命担当大臣（中央交通安全対策会

議交通対策本部長）の談話
平成20年1月2日
　昨年1年間の交通事故による死者数は5744人となり、一昨年より608人減少し、昭和28年以来54年ぶりに5千人台になりました。……これは「平成24年までに交通事故死者数を5000人以下とし、世界一安全な道路交通の実現を目指す」という政府目標に向けて、政府、地方自治体、関係民間団体のみならず、国民の方々が積極的に取り組んだ成果であると考えております。……私は、交通事故死者数の減少を更に加速させるとともに、事故発生件数や負傷者数の減少の流れを定着させる決意を改めて固めました。……様々な啓発活動を集中して行うなど、国民運動を展開し、総合的な交通安全対策の推進に全力を尽くしてまいります。「世界一安全」な道路交通の実現は容易ではありませんが、政府と国民が共に力を結集して、目標の実現を目指してまいります。国民の皆様の御理解と御支援をお願いします。

内閣府特命担当大臣　中央交通安全対策会議交通対策本部長　岸田文雄

交通事故死者数が第8次交通安全基本計画の目標を下回ったことに関する内閣総理大臣（中央交通安全対策会議会長）の談話
平成21年1月2日

昨年1年間の交通事故死者数は、5155人でした。平成22年までに交通事故死者数を5500人以下とする「第8次交通安全基本計画」の目標を、2年前倒しで達成しました。……政府、地方自治体、関係民間団体、地域の方々の努力の成果であります。この間、交通事故防止にご尽力いただいた方々に感謝いたします。

……いまだに多くの方が、交通事故で亡くなっていることは、憂慮すべきことです。私は、今後10年間を目途に、更に交通事故死者数を、半減させる決意をいたしました。

この目標の実現は容易ではありませんが、政府、関係団体、国民を挙げて力を結集し、世界一安全な道路交通の実現を目指してまいります。

……飲酒運転の根絶、交通安全教育の推進、安全かつ円滑な道路交通環境の整備に力を入れます。

国民の皆様の、御理解と御支援を、お願いいたします。

中央交通安全対策会議会長　内閣総理大臣　麻生太郎

交通事故死者数が5千人を下回ったことに関する内閣府特命担当大臣（中央交通安全対策会議交通対策本部長）の談話

平成22年1月2日

昨年1年間の交通事故による死者数は4914人となり、一昨年より241人減少して、昭和27年以来、実に57年ぶりに5000人を下回りました。……これは、政府、地方自治体、関係民間団体のみならず、国民一人一人が、積極的に取り組んだ成果であると考えています。……私は、交通事故死者数を更に減少させるとともに、発生件数や負傷者数についても、一層減少させる決意を固めました。……「世界一安全な道路交通の実現」は容易ではありません。しかし、政府と国民の皆さんが共に力を結集して、この目標を実現しようではありませんか。……

国民の皆さんの御理解と御支援を、心からお願いします。

中央交通安全対策会議交通対策本部長　内閣府特命担当大臣　福島みずほ

1971（昭和46）年に死者数が約1万6千人であったものが、5千人台となり、さらに4千人台となったことは大きな成果として評価されるものである。右記大臣談話には、今後も交通安全対策を推進していく決意が示されている。

第8次交通安全基本計画実施後の評価については、「第8次交通安全基本計画に関する政策評価書」において、「まず、交通事故死者数についてみると、計画期間の3年目において『24時間死者数を5500人以下にする。（30日以内死者数等を同様に減少させる）』という目標を達成することができたほか、『交通戦争』と呼ばれた当時の1万6765人（昭和45年）という死者数が3分の1以下となるに至った役割の一翼を担った点において、効果的なものであったと認められる。」[注9]と評価されている。

（2）死傷者数の減少に対する評価

死傷者数の減少については、「交通事故死傷者数については、第7次までの計画期間では必ずしも低減していなかったが、第8次基本計画期間には減少が進み、計画期間の3年目において、『死傷者数を100万人以下にする。』という目標を達成することができたことは注目に値する。」[注10]と評価された。

減少目標の達成要因については、「……飲酒運転の厳罰化等による効果、危険箇所対策等による道路交通環境の整備、交通違反取締まりの強化等による効果が有力と考えられるほか、その効果を十分に確認はできなかったが、車両の安全性の向上、シートベルト着用率の向上等が寄与しているものと考えられる。」[注11]とした。

今後の対策および方向性については、「……『世界一安全な道路交通の実現を目指す。』という目標については、必ずしも達成できたとは言えず、今後、更に交通安全対策を推進することが重要であると考えられる。」[注12]とした。

第8次基本計画は成果をあげたと評価され、基本的施策は継続されることとなった。

11　第9次基本計画（平成23年度～平成27年度）の策定

２０１１（平成23）年３月31日、第９次基本計画が示された。以下にその一部を紹介する。

（基本理念）……人命尊重の理念に基づき、また交通事故がもたらす大きな社会的・経済的損失をも勘案して、究極的には交通事故のない社会を目指すべきである。言うまでもなく、交通事故のない社会は一朝一夕に実現できるものではないが、交通事故被害者の存在に思いをいたし、交通事故を起こさないという意識の下、悲惨な交通事故の根絶に向けて、今再び、新たな一歩を踏み出さなければならない。……交通事故の科学的な調査・分析や、政策評価を充実させ、可能な限り成果目標を設定した施策を策定し、かつ、これを国民の理解と協力の下、強力に推進する。……

第１章　道路交通の安全　第２節　道路交通の安全についての目標

Ⅱ　交通安全基本計画における目標

①平成27年までに24時間死者数を３０００人（※）以下とし、世界一安全な道路交通を実現する。（※この３０００人に平成22年中の24時間死者数と30日以内死者数の比率を乗ずるとおおむね３５００人）

②平成27年までに死傷者数を70万人以下にする。

第9次基本計画においては、人命尊重を基本理念とし、最終的到達点として交通事故のない社会を目指すとした。意識は共感する。そうあって欲しいと思う。しかし、実現への道のりは相当な困難が予想されると思われる。

基本計画の実施に当たっては、成果目標を設定すること、政策評価を充実させること、強力に推進すること、が明示されている。

具体的目標としては、第9次基本計画の終期である2015（平成27）年までに死者数を3000人以下とすること、死傷者数を70万人以下にすること、が定められた。

死者数の3000人は、2010（平成22）年（第8次基本計画の終期年）の死者数が4948人であるから、39・4%の減少成果を求めるものである。

死傷者数の70万人は、2010年の死傷者数が90万1245人であるから、22・3%の減少成果を求めるものである。

死者数および死傷者数の減少目標は、いずれも相当に厳しい目標設定と思われる。

12　第9次基本計画期間における交通事故発生状況、乖離率、自賠責死亡傷害計の推移

①事故件数

２０１１年から２０１５年まで一貫して減少した。一度も対前年数値を上回ることはなかった。

②死者数

２０１１年から２０１４年まで一貫して減少したが、２０１５年は対前年をわずかに上回った（対前年４名増）。

③負傷者数

２０１１年から２０１５年まで一貫して減少した。一度も対前年数値を上回ることはなかった。

④死傷者数

２０１１年から２０１５年まで一貫して減少した。２０１５年には70万人以下となり、第９次基本計画の目標を達成した。

表3－4　第9次基本計画期間における交通事故発生状況、乖離率、自賠責死亡傷害計の推移

年	事故件数	死者数	負傷者数	死傷者数	乖離率		自賠責死亡傷害計
					死亡	傷害	
2011（平成23）年	692,084	4,691	854,613	859,304	0.92	0.74	1,165,304
2012（平成24）年	665,157	4,438	825,392	829,830	0.93	0.71	1,166,051
2013（平成25）年	629,033	4,388	781,492	785,880	0.97	0.65	1,199,100
2014（平成26）年	573,842	4,113	711,374	715,487	0.95	0.61	1,169,897
2015（平成27）年	536,899	4,117	666,023	670,140	1.03	0.57	1,171,633

⑤乖離率

死亡乖離率は振幅があるが、突出した乖離はなく、整合の範囲と認められる。傷害乖離率は、2011年が0・74で、毎年拡大を続け、2015年には0・57となった。傷害乖離率の拡大は、物件事故扱事案の増加を示している。

⑥自賠責死亡傷害計

2011年は約116万5千件である。その後も大きな増減はなく高数値で推移した。2013年は約119万9千件で、1999年からの最大値となっている。死傷者数のような減少傾向はない。

13　第9次基本計画の評価

第9次基本計画の目標は、死者数を3000人以下とすることおよび死傷者数を70万人以下とすることである。死者数については、目標を達成しなかった。死傷者数についい

ては、２０１４年は71万５４８７人で70万人を超えていたが、２０１５年に67万１４０人となって目標を達成した。

第９次交通安全基本計画実施後の評価については、「第９次交通安全基本計画に関する評価書」において、「……第７次までの従来計画期間下では、『死者数』は低減する一方で、『事故件数』は必ずしも低減していなかった。第８次計画においても引き続き『死者数』と『事故件数』の双方が低減する状況になったが、第９次計画においても引き続き『死者数』『事故件数』とも低減していることは注目に値する。このような意味から、第９次交通安全基本計画についても、９次にわたる交通安全基本計画の一つとして、その総合性と継続性をもって死者数を４分の１とし、かつ、死傷者数も引き続き減少せしめた点において、極めて効果があったと言えるのではないかと考える。」(注13)と評価された。

死傷者数については、「……第７次までの計画期間では必ずしも低減していなかったが、第８次計画期間には減少が進み、第９次計画においても引き続き減少している点は評価できる。」(注14)とされた。

今後の対策については、「……飲酒運転の厳罰化等による効果、事故ゼロプラン等による道路交通環境の整備、交通違反取締まりの強化等による効果が有力と考えられる。」(注15)とし、方向性については「……『世界一安全な道路交通の実現を目指す。』という目標を達成するためには、今後、更に交通安全対策を推進することが重要であると考えられる。」(注16)とした。

第9次基本計画においては、死者数は目標を達成しなかったが、2015年は2011年に比べて574人減少した（減少率12・2％）。死傷者数は目標を達成し、評価できるとされている。

基本計画の実施については、「極めて効果があった」とされ、今後も推進する旨の方向性が示されている。

14　第10次基本計画の策定

2016（平成28）年3月11日、中央交通安全対策会議において、第10次基本計画（計画期間：平成28年度〜平成32（令和2）年度）が決定された。以下にその一部を紹介する。

【計画の基本理念】……依然として道路交通事故件数が高い水準で推移していることなどからも、より高い目標を掲げ、今後、なお一層の交通事故の抑止を図っていく必要がある。……交通事故のない社会の実現への大きな飛躍と世界をリードする交通安全社会を目指す。

【交通事故のない社会を目指して】……交通事故により、毎年多くの方が被害に遭われていることを考えると、公共交通機関を始め、交通安全の確保は、安全で安心な社会の実現を図っていくための重要な要素である。人命尊重の理念に基づき、また交通事故がもたらす大きな社会的・経済的損失をも勘案して、究極的には交通事故のない社会を目指すべきである。

【人優先の交通安全思想】……道路交通については、自動車と比較して弱い立場にある歩行者等の、また、全ての交通について、高齢者、障害者、子供等の交通弱者の安全を一層確保することが必要となる。交通事故がない社会は、交通弱者が社会的に自立できる社会でもある。このような「人優先」の交通安全思想を基本とし、あらゆる施策を推進していくべきである。

【先端技術の積極的活用】……今後、全ての交通分野において、更なる交通事故の抑止を図り、交通事故のない社会を実現するためには、あらゆる知見を動員して、交通安全の確保に資する先端技術や情報の普及活用を促進するとともに、新たな技術の研究開発にも積極的に取り組んでいく必要がある。……

（道路交通の安全についての目標）

①平成32年までに24時間死者数を2500人（※）以下とし、世界一安全な道路交通を実現する。（※この2500人に平成27年中の24時間死者数と30日以内死者数の比率を乗ずるとおおむね3000人）

②平成32年までに死傷者数を50万人以下にする。

第10次基本計画は、交通事故のない社会を目指すこと、人優先の交通安全思想を基本とすること、先端技術を積極的に活用すること、を基本理念として位置づけ、一層の交通安全対策を推進するとしている。

具体的目標としては、第10次基本計画の終期である2020（令和2）年までに死者数を2500人以下とすること、死傷者数を50万人以下にすること、が定められた。

死者数の2500人は、2015（平成27）年（第9次基本計画の終期年）の死者数が4117人であるから、39・3％の減少成果を求めるものである。

死傷者数の50万人は、2015年の死傷者数が67万1140人であるから、25・4％の減少成果を求めるものである。

死者数および死傷者数の減少目標は、いずれもさらに厳しい目標設定と思われる。

15　第10次基本計画期中（平成28年度～令和元年度）における交通事故発生状況、乖離率、自賠責死亡傷害計の推移

①事故件数、死者数、負傷者数、死傷者数（2016～2019年）

2016年から2019年まで一貫して減少している。一度も対前年数値を上回っていない。

表３－５　第10次基本計画期中（平成28年度～令和元年度）における交通事故発生状況、乖離率、自賠責死亡傷害計の推移

年	事故件数	死者数	負傷者数	死傷者数	乖離率		自賠責死亡傷害計
					死亡	傷害	
2016（平成28）年	499,201	3,904	618,853	622,757	0.99	0.54	1,153,164
2017（平成29）年	472,165	3,694	580,850	584,544	0.98	0.51	1,138,780
2018（平成30）年	430,601	3,532	525,846	529,378	1.00	0.48	1,100,546
2019（令和元）年	381,237	3,215	461,775	464,990	—	—	未公表

②乖離率（2016～2018年）

死亡乖離率は、整合の範囲と認められる。傷害乖離率は、０・54、０・51、０・48とさらに拡大している。

第139回（2019年1月16日）の自賠審において、損保料率機構のＥ委員は、「自賠責保険全体の支払件数における物件事故証明による支払いというのは、ご指摘のとおり50％程度」と述べている。同自賠審開催時において確認できる数値は、２０１７年分であるから、乖離率０・51と符合する。

③自賠責死亡傷害計

２０１６年から２０１８年は、約１１５万３千件から約１１０万件で推移している。減少傾向は窺えるが、死傷者数のような顕著な減少はない。

16　第10次基本計画期中の評価

死者数については、２０１５年（第９次基本計画の終期年）は４１１７人であったが、２０１６年は４千人を下回り３９０４

人となった。２０１７年1月4日に、死者数が４千人を下回ったことに関する担当大臣の談話が発表された。以下にその一部を紹介する。

交通事故死者数が４千人を下回ったことに関する内閣府特命担当大臣（中央交通安全対策会議交通対策本部長）の談話

平成29年1月4日

昨年1年間の交通事故により発生した24時間以内に亡くなられた方の数は３９０４人となり、一昨年より２１３人減少して、昭和24年以来、実に67年ぶりに４０００人を下回りました。……これは、国、地方自治体、関係民間団体のみならず、国民一人一人が、積極的に取り組んだ成果であると考えています。……

交通事故情勢は依然として厳しい状況が続いています。昨年3月に決定した「第10次交通安全基本計画」においては、「平成32年までに24時間交通事故死者数を２５００人以下とし、世界一安全な道路交通を実現する」という目標を掲げております。……これまでの交通安全対策を一層充実させることはもちろん、先端技術を活用した安全支援システムの開発普及や交通実態等のビッグデータをはじめとする様々な情報の効果的な活用を強力に推進してまいります。

国民の皆様の御理解と御支援をお願いいたします。

中央交通安全対策会議交通対策本部長　内閣府特命担当大臣　加藤勝信

24時間以内死者数が4千人を下回ったことを成果として評価し、今後もさまざまな情報等の活用により、交通安全対策を推進する旨を表明している。

【第3章注】

（注1）「交通安全基本計画」（昭和46年3月30日）第2部第1章第1節「道路交通事故のすう勢とその抑止」4頁（内閣府ホームページより引用。以下同）。
（注2）（注1）に同じ。
（注3）「第6次交通安全基本計画」第1部第1章第1節3第6次交通安全基本計画における目標。
（注4）「第7次交通安全基本計画」第1部第1章第1節1（1）道路交通事故の現状。
（注5）「第7次交通安全基本計画」第1部第1章第1節2道路交通安全対策の今後の方向。
（注6）「第7次交通安全基本計画」第1部第1章第1節3交通安全基本計画における目標。
（注7）「第8次交通安全基本計画」第1部第1章第2節I1道路交通事故の現状。
（注8）「検討会報告書」（1）目標（ターゲット）の設定。
（注9）「平成21年度政策評価書」（事後評価）政策分野：交通安全対策⑤政策に対する評価。
（注10）（注9）に同じ。

（注11）（注9）に同じ。
（注12）（注9）に同じ。
（注13）「第9次交通安全基本計画に関する評価書」第1部第2章第2項（1）事故件数、死者数等。
（注14）「第9次交通安全基本計画に関する評価書」第1部第5章まとめ第1項第9次交通安全基本計画の評価。
（注15）（注14）に同じ。
（注16）（注14）に同じ。

第4章　交通安全対策の問題点

第3章では、第1次基本計画から第6次基本計画までの状況を概観するとともに、第6次基本計画から第10次基本計画について、各基本計画の実施と評価などを見た。第3章における検討から、交通事故統計と交通事故発生状況の実態が相違する要因として、交通安全対策との関連性があると考えられる。

各基本計画は、継続性を保ちながら交通事故発生状況に応じた方針を示しているが、第7次基本計画から第8次基本計画へ移行する際に、交通安全対策における大きな転換があったと考えられることから、本章においては、第8次基本計画以降の施策の策定や推進の経緯を見ながら、問題点を考えてみることにする。

1　第8次基本計画の施策

第8次基本計画においては、第7次基本計画まではなかった新たな指針のもとに、数値目標が設定された。指針とは「成果主義」であり、数値目標は「死傷者数を100万人以下とすること」である。

第8次基本計画以前にも数値の目標はあった。第6次基本計画では、「年間の交通事故死者数を平成9年までに1万人以下とし、さらに、平成12年までに9000人以下とすることを目指す」であり、第7次基本計画では、「年間の24時間死者数を、交通安全対策基本法施行以降の最低であった昭和54年の8466人以下とすることを目指す」である。

第8次基本計画においては、「今や事故そのものを減少させることが求められている」として、「可能な限り成果目標を設定した施策を策定し」、「強力に推進する」との意志が明確に表明され、目標達成を目指すこととなったのである。

第7次基本計画の終期年である2005（平成17）年の統計死傷者数は、116万4050である。第8次基本計画の目標は、「死傷者数を100万人以下にする」ことであるから、減少目標は、16万4050の減少、減少率は14％である。翻って、第7次基本計画の減少状況を見ると、5年間の減少は730、減少率は0・06％である。

過去5年間で0・1％にも満たない減少実績に対して、14％減少の目標を設定し達成を求めたのである。0・06％の実績に対して14％の達成を求めることは、実に233倍の成果を求めるものである。実績に照らせば、極めて無謀な目標設定である。尋常では、達成は到底不可能であろう。

例えていえば、多量の在庫を抱える管理部門に対して、「これから5年間で在庫削減率を233倍にせよ」と目標達成を課するようなものである。結果として、削減目標は5年を待たず3年で達成されたものの、その実態は、「土台無理な目標だ」として、管理部門の倉庫から別の倉庫へ在庫を移しただけであった。にもかかわらず、管理部門の倉庫に残った在庫のみを見て、「目標達成」の成果を評価しているようなものだ。

第8次基本計画は、有効な計画であったと評価された。その評価は、施策実行者に向けられる。同時に、計画の立案者もまた、計画が妥当であったと評価される。立案者にとって、「目標を設定して達成を求めれば、成果が上がる」という成功体験は、次の目標設定に当たっても、「より厳しい目標を設定し、達成を求める」ことが最善の方策であるという自信を生むことになる。そして、次のより厳しい目標も達成されれば、自信は、他の考慮を排除する揺るぎない「確信」となる。

一方、成果をあげた者は、成果が実績となり、実績を踏まえた期待に応えることが求められる。期待は次なる成果を求め、次なる成果はさらにより高い期待へと連なっていくのである。

統計負傷者数と自賠責傷害件数の乖離が始まったのは、2007（平成19）年（乖離率0・89）からである。2007年は、第8次基本計画の2年目である。もっとも、自賠責保険の支払手続きは事故発生日から数か月あるいはそれ以上かかるから、実際の乖離は、2007年以前から始まっていたのかもしれない。

乖離の要因は、自賠責保険支払手続きにおける物件事故扱事案すなわち「隠れ人身事故」の増加であると考えられる。

第8次基本計画以降も、より厳しい目標が設定されるが、負傷者数に関連する目標については、その目標はいずれも達成されることになる。目標達成、つまり負傷者数の推移は、傷害乖離率の拡大にぴたりと重なるのである。

第8次基本計画の策定に当たっては、専門委員会のほかに検討会が設けられ、論議が行われたことは前述した。[注1] 検討会の提言が第8次基本計画の方針となっていることから、その影響は大きく、以後の基本計画の方向性を決定したと思われる。

提言の骨子は、明確なビジョンをもって施策を強力に推進するということである。そして、施策実現の方法として「成果主義」の導入を提案した。

検討会の構成は、座長1名（学識経験者）、委員4名（学識経験者）、行政委員10名（関係省庁の課長級職員）の計15名である。構成員を見ると、一般民間人や実業人は入っていない。全員が「成果を求める側の立案者」であり、「成果を求められる側の実務者」は1名も入っていない。

立案の場合には、成果を求める者の理念とともに、成果を求められる者の視点も必要である。目標は、組織や地域にとって達成可能なものでなければならず、立案者の「願望」によって設定されるべきものではない。

第8次基本計画で示された、「事故件数および死傷者数の減少。死傷者数を100万人以下とする」という新たな目標設定は、国民のための施策であった。しかし、国民によらざる施策であったと思う。

2　交通安全対策における成果主義の長所と短所

第8次基本計画から死傷者数についての具体的数値目標が設定され、現在の第10次基本計画までその方針は継続されている。

数値目標を設定して推進する「成果主義」は、到達点を明確にすることにより、組織総体の意欲の向上が期待でき、結果としての成果を公平に評価できる長所がある。数値に示される具体性の効果も大きい。

第8次基本計画の策定に当たって、具体的数値目標が導入された目的は、意識をもって達成を目指すことである。その考え方は正しいと思う。しかし、目標をどのように設定するか、どのように評価するかなどは、難しいものがある。組織構成員の対応が直接に成果に反映される場合がある一方で、別の要素により結果が左右される場合があるからである。交通事故の発生は、多様な社会的要因が複雑に関係している。基本計画に多くの対応項目があるのもその理由である。

成果主義には多くの長所がある。しかし、短所もある。交通安全対策における短所は、結果のみによって評価する体制である。成果が強調され、評価されることにより、交通警察行政において消極的な事故取扱いが拡大していった可能性は否定できないものと思われる。

筆者の見解としては、交通安全対策において、数値目標を設定することは疑問である。こう言うと、目標設定があったからこそ死者数は減少した、という論があるかもしれない。そうだろうか。国（関係行政機関）、国民をあげて取り組んだ結果であって、数値目標があったからではないと思う。

交通安全対策は、長年にわたり多くの機関、多数の関係者が策定にかかわってきたものである。軽々に批判する趣旨はないが、筆者は、目標設定があるとしても、「努力目標」でよいと思っている。

3　関係省庁（除く内閣府）の認識と連携

自賠責保険における物件事故扱事案が多数を占める問題については、第130回自賠審（2012（平成24）年1月31日）において、損保料率機構S委員から、3割を占めるとの説明がある。同自賠審での論議から、自賠責保険では交通事故扱いとなっていない事案が多く、交通事故発生状況の実態は交通事故統計とは相違していることを、金融庁および国交省の担当者は認識していると考えられる。

平成24年度あり方懇（2012年8月1日）において、国交省のG参事官は、出席委員から提起のあった物件事故扱いの人身事故への切り替えについて、関係機関とも相談していく旨を回答している。この回答は、上述問題点を認識した上でのものである。

基本計画への反映については、2012年は第9次基本計画の期中（2年目）であるから無理であるとしても、第10次基本計画の検討に当たっては、問題点等を論議の対象とすることができるはずである。しかし、論議が行われたことはうかがえず、何らの反映もない。

交通事故の実態についての認識が省庁の担当部署でとどまっていると思われ、省庁の認識に至っていないのはなぜであろうか。省庁間で認識が共有されているとも思われず、連携も感じられない。

政府および行政機関の中枢にいる人たちは、交通事故発生状況の実態が交通事故統計とは異なることをおそらく知らないだろう。なぜこのような事態になっているのか、疑問である。

4　内閣府（中央交通安全対策会議担当部署）の認識

内閣府には、中央交通安全対策会議の事務を取り扱う部署（官職）として、「参事官（交通安全対策担当）」がある。内閣府の参事官は、交通事故の実態についてどのような認識を持っているのであろうか。

第10次基本計画に向けての準備として、中央交通安全対策会議専門委員会が、２０１５（平成27）年３月16日（第１回）から２０１６（平成28）年１月26日（第５回）まで開催された。

２０１５年３月16日（第１回）の議事録に、以下の記載がある。

「（Ｆ参事官）４ページ目をごらんください。子供の安全確保でございます。15歳以下の交通事故の死者数・負傷者数はともに減少傾向にあるということで、こちらも全体として安全確保に施策が寄与していると考えております。保険のデータで見てみますと、傷害の関係は増加を示しているということでございますので、こういう点も踏まえた子供の安全というものを引き続き考えていく必要があるだろうということでございます。」

Ｆ参事官は、保険のデータから、傷害の関係は増加を示していることを説明している。「保険のデータ」とは、自賠責保険関係のデータと考えられるが、資料元や詳細は不明である。データが自賠責保険によるものであれば、傷害の増加とは傷害事案件数が増加しているという意味になる。交通事故の死者数・負傷者数はともに減少傾向にあるとしながら、傷害の増加は矛盾するものである。この点について、参事官はどのように理解していたのであろうか。

右記説明について、内閣府の担当者（交通安全対策）に照会したところ、元資料は国交省のものと思われるが、以前のことなので趣旨はわかりかねる旨の回答であった。

傷害の増加に触れているが、議事録全般からは、内閣府の担当部署として交通事故の実態が交通事故統計と相違すると認識していたことは考えにくいものがある。内閣府の担当者は、金融庁や国交省の担当者と異なり、自賠責保険の状況を直接に知り得る立場にない。国交省等から資料を得ることはあっても、内容の問題点や矛盾に気付くことは困難であろう。筆者からの自賠責保険に係る照会について、問題点の所在を理解しているとは思えなかった。

内閣府の担当部署は、交通事故の実態が交通事故統計とは異なるということを認識していないと考えられる。

5　交通事故発生状況に関する国民の意識

交通事故統計によれば、事故件数、死傷者数は、21年前に比べて50%以下になったとされている。21年間で減少を続け、現在は50%以下になったのであるから、日常生活における交通事故に対する意識としては、怖れや不安感はより少なくなっていてよいはずである。実際の感覚はどうなのであろうか。

第10次基本計画策定のために開催された中央交通安全対策会議専門委員会議議事録を見ると、以下の記載がある。

「(内閣府F参事官の説明)……ここからが交通安全に関するアンケートの結果でございます。一般の皆様、16歳以上の男女3000人。それから、その保護下にあるお子さん、小学生、中学生のお子さん309名の方にアンケート調査を実施したものでありまして、大半は大人の方に対するアンケートですが、後ろのほうでお子さんに対するアンケート結果も出てくるというものでございます。幾つか御紹介しますと、……次、45ページをごらんいただきますと、特に日常で不安を感じることについてお伺いをしましたところ『交通事故』が不安であるというお答えが77%ということで非常に高い割合を示したというところでございます。」（第2回目、2015（平成27）年6月29日）

アンケートの対象者は一般人である。日常で得ている感覚として、交通事故に対する不安があると答え、「非常に高い割合を示した」というものである。

また、第10次基本計画（中間案）に関する公聴会議事録には、公聴人の意見表明として、以下の記載がある。

「（M氏）……中間案6ページの国民意識のグラフでは、被害数は減っていながら、『交通事故情勢の悪化と感じている人』が、5年前より7ポイントふえて39・2%、事故の大幅減少を願う声は85・4%、圧倒的多数の国民です。こうした意識変化にも依拠すべきと思います。」（2015年11月6日）

公聴会で配布された資料に対する意見表明である。資料でも、交通事故の状況が悪化していると感じている人が多いこと、事故の大幅減少を願う国民の声は多いとして、国民意識に依った対応を求めている。

国民は、日常生活や自身の体験、社会環境などから、交通事故情勢が決して好転していない状況を実感していると思われる。

6　交通事故統計と交通事故の実態が相違する弊害

これまで何度も指摘してきた、交通事故統計と交通事故の実態が相違する現状から、以下のようにさまざまな弊害や派生する問題が生じる。

(1) 交通安全に関する危機意識低下の懸念

交通安全に関する報告資料として、「交通安全白書」（編集内閣府。以下「白書」という）がある。令和元年版（2019年）の白書は、「平成の時代、特に後半は、交通事故が大きく減少した時代ということができる。……警察をはじめ道路行政、自動車行政、学校教育等政府全体で取り組んできたことはもとより、関係機関・団体・民間企業等の取組、地域における日々の交通安全の取組の成果である。」（1頁）としている。

また、令和2年版（2020年）の白書は、「……交通安全の諸施策、地域における日々の交通安全の取組の成果により、令和元年中の道路交通における交通事故死者数は3215人と、過去最多であった昭和45年の死者数（1万6765人）と比較すると5分の1以下に減少し、現行の交通事故統計となった昭和23年以降で最少となった。」としている。

白書では、1970（昭和45）年に比べて交通事故死者数が5分の1以下に減少したことを取組みの成果として評価している。たしかに、死者数の大幅な減少は成果であると評価できるものである。

しかし、白書における総括は、交通事故統計によるものであり、交通事故の実態を反映しているものではない。白書が示すこれまでの経過に対する認識は、取組みの成果により、交通事故のない社会を目指すという目標には着実に近づいており、より安全な社会の礎を築く建設の作業は、一定達成されつつあるものと見做しているように感じられる。

白書は、「交通安全の諸施策、地域における日々の交通安全の取組の成果」と評価するが、交通事故の実態は、過去に「交通戦争」と呼ばれた時代とは質が異なり、死者数は減少しながら負傷者数、死傷者数は減少しないという、新たな様相を呈しているのである。

国民は、白書が述べるように、交通事故情勢が好転したように考えていると思われる。しかし、実態は決して良好な状態とはいえず、意識をもって取組みを進める必要がある。

「究極的には交通事故のない社会を目指す（第9次基本計画の基本理念）」目標に対しては、いまだ達成への道は遠く、絶えず達成に向かって歩まなければならない道程にある。

国民に正しい情報を提供し、国民が改めて交通安全の意識を持つよう努めなければならないと思う。

（2）正確な交通事故統計の欠如

交通事故統計は、交通事故として取り扱われた事案についての統計である。負傷者事案についての問題は、実際は人身事故でありながら物件事故として処理されている事案の事故情報が統計上存在しないことである。

交通事故の数的分析は、交通事故統計に依っている。白書などでは、さまざまな傾向解析が行われているが、その信頼性が担保されないことになる。1万人の患者を疫学的に分析するには、1万人分のカルテが必要である。5千人分のカルテをもって1万人の病態を考察することはできないのである。

現状を分析し、有効な対策を考えるためには、まず基礎資料となる統計が信頼できるものでなければならない。現在の交通事故統計は、負傷者事案について、正確な統計資料とはなっていない。

（3）遵法意識の低下

交通事故で人身損害を生じた加害者は、警察へ報告し、その後法的処分を受ける。加害者が法に定められた処分を受けることは、社会秩序の維持にとって必要なことと考えられている。

事故を起こした者は、できれば処分を免れたいと思うものであろうが、法定の処分を受けるのは、社会を構成する者の義務と理解されている。加害者となった者が、同じく人身損害事故を生じさせながら、取扱いの違いにより処分を受ける者と処分を受けない者が生じることは、不公正であり平等ではない。処分を受けない者は、処分の不利益を免れることで一種の利得を得ることになり、同じく加害者となった者との間に不公平を生じさせることになる。

社会の秩序は、法を守り、社会規範を尊重することによって成り立つ。交通事故を起こした加害者の約50％（あるいはそれ以上）の者が、取扱いの違いによって処分を免れているといえる現状は、法秩序への信頼を失わせ、遵法意識を低下させることになると考える。

【第４章注】

（注１）第３章８「第８次基本計画（平成18年度～平成22年度）の策定と特徴」

むすび

本書では、交通事故統計と自賠責保険支払件数の数値、自賠責保険支払実務に関する課題、交通安全対策の経緯と状況などを検証することにより、交通事故発生状況の実態について検討した。

その結果、交通事故統計は、死者数については信頼できるが、負傷者数については交通事故の実態と異なっているため、信頼できるものではないといえる。

交通事故の実態については、過去21年間において、死者数は減少したが、負傷者数は減少していないと考えられることから、死傷者数は減少していないと判断できる。

交通事故発生状況の実態が交通事故統計と異なるのは、交通事故の取扱いにおいて、本来、人身事故として取り扱われるべき事故が、物件事故として取り扱われる、いわゆる「隠れ人身事故」の増加が原因と考えられる。

また、検討の過程において、多くの課題があることや情報、認識の共有などのさまざまな問題点が鮮明になったと思う。

今後の交通安全対策については、現在の交通事故統計は、負傷者数に関する数値が正確ではないと考えられることから、自賠責保険の支払件数を考慮した数値に基づいて、検討を行うべきである。

筆者には、交通事故統計における負傷者数が実態と大きく異なっていることに関して、その責任の所在を追及する意図はない。ただ、なぜ現在の状況に至ったのか、その原因を知り、正しい方策に進む道を明瞭にする必要があるとは考える。

交通安全対策にかかわる関係省庁の職員に、「行政は誰のためにあるのか」と問えば、「国民のためにある」と答えるであろう。「国民のため」とは、国民の視点に立ち、国民の声を聴き、国民に正しい情報を提供することである。関係する職員は、国民のために行動しているといえるであろうか。

本書で検討した問題点が、これまで公にされなかった原因は、関係省庁職員の「前例継続主義」にあると考える。前例継続主義とは、前例（前任者および組織のやり方）を踏襲し、前任者が触れなかった問題は取り上げない――前任者および組織の責任が問われることになるかもしれない――ことである。正すべき事柄があるのに何もしないのは、単なる不作為ではなく業務の懈怠であり、国の進むべき方向を誤らせることにもなりかねない。この、危機意識のない、国民本位の姿勢から乖離した感覚、体質は、関係行政にかかわる者の欠陥であり、国民の信頼を失わせることになると思う。

我々は、自動車社会が続く限り、自動車交通の恩恵を受けながら、その危険を包含した世界に生きなければならない。いつの日か、科学技術の進歩により、交通事故のない社会が実現するかもしれない。しかし、早急には無理であろう。その理想とする社会が到来するまでは、安全を求める地道な努力を続けていくしかない。

政治は、理想の旗を掲げて現実の道を歩む作業である。理想の旗を掲げて夢想の道を進んではならない。厳しくても現実を直視し、理想に近づく努力が必要である。理想社会は一挙に実現できるものではなく、具体的、漸進的な改良の積み重ねによる前進が唯一の方法である。

交通安全対策は、現在と未来の国民のための施策である。未来への展望は、現実を正しく認めた上に成り立つ。現実への回帰は、苦い覚醒を伴う。創造のための痛みもある。眼を開き、見つめなおし、進まねばならない。

より安全な社会をつくるために。

付言

筆者が、本書において目指したのは、「真実の探求」である。

真実の探求は、それ自体経済的価値を持つものではない。しかし、「すべて」である。

加藤久道（かとう・ひさみち）
1947年北海道函館市生まれ。法政大学社会学部社会学科卒業。日動火災海上保険株式会社（現東京海上日動火災保険株式会社）入社、その後日本損害保険協会勤務を経て、現在、社会問題評論家、保険評論家として活動中。
日本交通法学会会員、日本臨床救急医学会会員、日本賠償科学会会員
【主な著書・論文】
『後遺障害の認定と異議申立―むち打ち損傷事案を中心として―』（保険毎日新聞社、2018）、『後遺障害の認定と異議申立―むち打ち損傷事案を中心として―第2集』（保険毎日新聞社、2020）
「後遺障害の認定と異議申立に関する一考察〈研究ノート〉」損害保険研究77巻2号（2015）、「自賠責保険請求における交通事故の証明に関する諸問題」損害保険研究68巻1号（2006）

交通事故は本当に減っているのか？――「20年間で半減した」成果の真相

2020年12月10日　初版第1刷発行

著者 ――加藤久道
発行者 ―平田　勝
発行 ――花伝社
発売 ――共栄書房
〒101-0065　東京都千代田区西神田2-5-11出版輸送ビル2F
電話　03-3263-3813
FAX　03-3239-8272
E-mail　info@kadensha.net
URL　http://www.kadensha.net
振替 ――00140-6-59661
装幀 ――北田雄一郎
印刷・製本―中央精版印刷株式会社

ISBN978-4-7634-0948-5 C0036